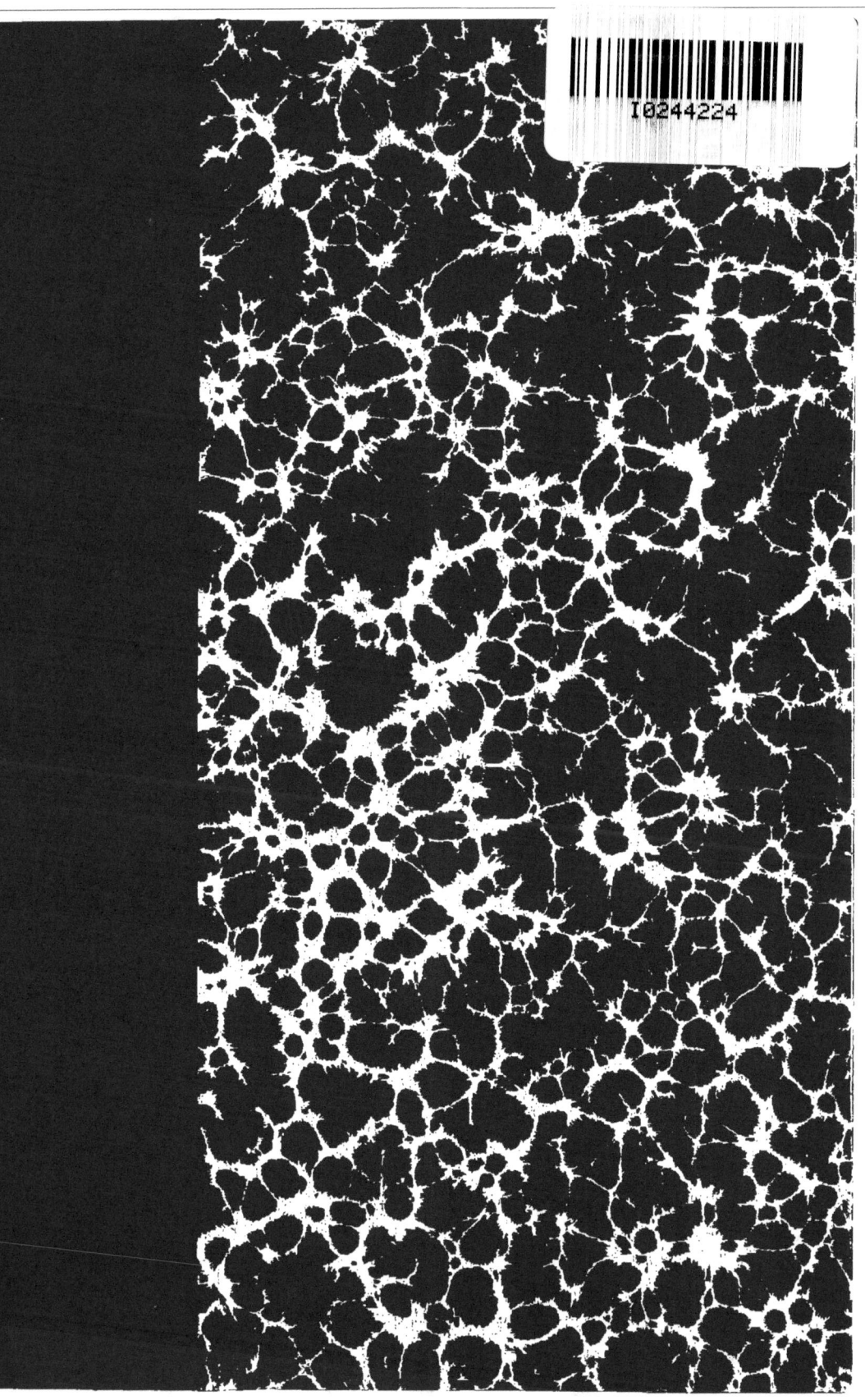

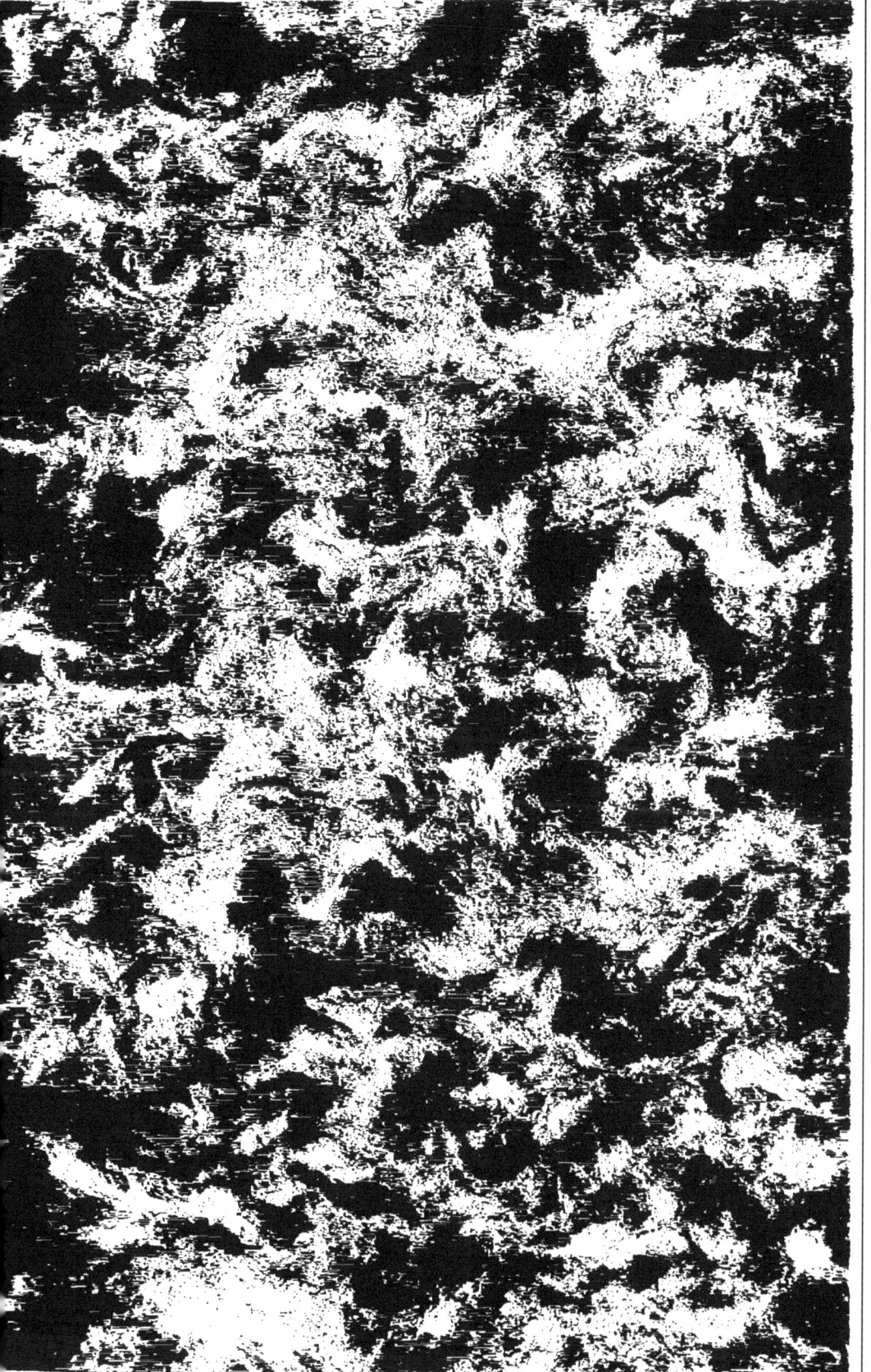

GUERRE DE 1870-1871

LE 4ᵐᵉ BATAILLON

DE LA

MOBILE DU HAUT-RHIN

JOURNAL D'UN SOUS-OFFICIER

Deuxième Edition
augmentée d'une notice biographique et de deux portraits de l'auteur

PARIS — LIBRAIRIE FISCHBACHER
MULHOUSE
Ernest Meininger, Imprimeur-Éditeur
1908

LE 4ᵐᵉ BATAILLON

DE LA

MOBILE DU HAUT-RHIN

EMILE GLUCK
1847--1904

GUERRE DE 1870-1871

LE 4me BATAILLON

DE LA

MOBILE DU HAUT-RHIN

JOURNAL D'UN SOUS-OFFICIER

Deuxième Edition

augmentée d'une notice biographique et de deux portraits de l'auteur

MULHOUSE

Ernest Meininger, Imprimeur-Éditeur

1908

Il a été tiré de cette deuxième édition 50 exemplaires d'amateur sur papier de Hollande, numérotés à la presse, au prix de 12 Mark (15 francs) l'exemplaire.

AU LECTEUR DE LA 2ᶜ ÉDITION.

De nombreux livres ont paru sur la guerre de 1870, mais il n'en existe que peu émanant d'Alsaciens ayant pris part à cette malheureuse campagne. Parmi ceux-ci, le Journal d'un sous-officier du **4ᵐᵉ Bataillon de la Mobile du Haut-Rhin**, de notre regretté concitoyen, feu M. **Emile Gluck,** ancien manufacturier de notre ville, figure au premier rang. Son œuvre est remarquable par la sincérité de la narration, ainsi que par la poignante émotion et le consolant patriotisme qui s'en dégagent.

Parti de Mulhouse le 1ᵉʳ août 1870, avec le 4ᵐᵉ bataillon de mobiles, composé en majorité de Mulhousiens, l'auteur nous raconte au jour le jour l'odyssée tour à enthousiaste et découragée, mais toujours empoignante, de nos jeunes soldats arrachés brusquement de leurs foyers et jetés, sans préparation militaire aucune, dans une campagne sans précédent, où l'impéritie du commandement, les revers successifs trop rarement atténués par quelques succès décevants, et finalement l'inclémence d'un hiver exceptionnellement rigoureux aboutirent à l'inévitable et douloureuse retraite en Suisse.

Parue en 1873 et tirée à un petit nombre d'exemplaires, la première édition de cet ouvrage fut épuisée en quelques semaines, et il est, pour ainsi dire, impossible de le trouver chez les libraires-antiquaires. Aussi, depuis longtemps, la réimpression de l'œuvre de M. **Emile Gluck** était-elle demandée de tous côtés.

Le présent volume est augmenté d'une notice biographique parue, en 1904, dans les bulletins de la Société industrielle et du Musée historique de Mulhouse, sous la signature de M. Mathieu Mieg-Kroh, et dont la reproduction nous a été aimablement accordée. Nous y ajoutons le portrait de M. **Gluck** datant des dernières années de sa vie. En outre, on trouvera, page 205, un dessin à la plume représentant l'auteur du Journal d'un sous-officier en tenue de sergent-major de la mobile, exécuté d'après une photographie faite lors de son internement en Suisse.

Nous espérons que ce livre, si sincèrement mulhousien, obtiendra auprès de tous ceux qui ont conservé le culte du passé, pour si douloureux qu'il soit, le sympathique accueil qu'il mérite.

L'ÉDITEUR.

NOTICE BIOGRAPHIQUE.

Jules-Emile Gluck, né à Mulhouse, le 18 juillet 1847, a fait ses études au Collège, puis à l'Ecole professionnelle de notre ville.

A l'âge de 16 ans, il entra comme simple employé dans la maison Schwartz-Trapp & Cie, où il fit rapidement son chemin et devint, en 1875, grâce à son travail et à son intelligence, un des gérants de cette importante filature de laine qui est connue aujourd'hui sous la raison sociale Gluck & Cie.

Lorsqu'éclata la guerre de 1870, Emile Gluck fut incorporé au 4me bataillon de la mobile du Haut-Rhin, et il fit, comme sergent-fourrier, puis comme sergent-major, la campagne de l'armée de la Loire et celle de l'Est, depuis les premières rencontres de l'Orléanais jusqu'à la retraite qui suivit la bataille d'Héricourt.

Il nous a laissé de cette époque néfaste un journal plein de vie et de sincérité, dédié à ses anciens compagnons d'armes, dans lequel il retrace au jour le jour l'histoire du 20me corps d'armée et de la campagne du général Bourbaki dans l'Est.

Ces pages sont empreintes d'un ardent patriotisme, du sentiment du devoir et de l'abnégation dont il avait su donner l'exemple à ses hommes; on y retrouve, ce qui sera un des traits caractéristiques de sa vie, son profond attachement à Mulhouse et à l'Alsace. On ne lira pas, sous ce rapport, sans émotion les lignes de son journal (p. 118 et 119), dans lesquelles il raconte comment nos pauvres mobiles, affamés et exténués de fatigues, furent secourus par les membres de l'ambulance mulhousienne, à Chalon-sur-Saône.

Rentré à Mulhouse après la guerre, M. Gluck y fit, comme nous l'avons dit précédemment, sa carrière dans l'industrie de la laine peignée. Comme chef de maison, il fut membre de la Chambre de commerce, du comité du Cours de commerce, secrétaire de la Corporation de l'industrie textile, membre du conseil de surveillance du Comptoir d'escompte.

Travailleur infatigable, esprit vif et cultivé, il ne devait pas borner uniquement son activité à l'industrie. Il était de l'Institut des pauvres, président du patronage du quartier Sud. Les affaires publiques ne le laissèrent pas non plus indifférent, il fut pendant de longues années membre du Conseil municipal de Mulhouse, il accepta également la présidence du comité électoral qui soutint la candidature de M. Théodore Schlumberger au Reichstag, et plus tard celle du comité de l'*Allgemeiner Wahlverein*.

Mais, comme il a été si bien dit sur sa tombe, M. Emile Gluck fut avant tout un fervent des choses d'Alsace, il l'a aimée dans son génie et dans sa nature, dans les productions de son esprit, dans son art, dans son histoire, dans ses mœurs, s'entourant de tout ce qui la concernait, revivant son passé dans cette bibliothèque qu'il avait lentement constituée en fin lettré et en fils pieux.

Cette belle bibliothèque a été en grande partie acquise par le Musée historique, M. Gluck ayant été un membre zélé de son comité d'administration depuis 1891 et trésorier depuis 1894 jusqu'à sa mort. Il fut aussi membre de la commission d'acquisitions du Musée, membre de la commission des publications historiques et, comme conseiller municipal, il contribua à faire aboutir le vote du Conseil concernant l'achat de la chapelle Saint-Jean, transformée depuis en musée lapidaire. Il réussit également à obtenir des anciens adhérents à la souscription destinée à l'acquisition de la chapelle, le maintien des sommes souscrites par eux.

Notre Musée lui doit quelques dons, entre autres une série d'anciennes vues de Mulhouse provenant de la collection de M. Daniel Grumler. Pour se conformer au désir exprimé par feu son mari, Mme Gluck vient de faire don au Musée du canon ayant appartenu à l'arrière-grand-père de notre collègue, Andreas Gluck, bien connu comme artificier. Ce fut Andreas Gluck qui, avec ses fusées volantes, sauva la vie à plusieurs citoyens de Mulhouse, lors de l'inondation du 20 décembre 1790 et reçut du Conseil une récompense publique. Le souvenir de cet acte de dévouement a été conservé par la lithographie de J. Rothmuller, publiée en 1826 chez Engelmann, et par une aquarelle, très naïve d'exécution, donnée au Musée par Mme Gluck.

M. Emile Gluck a été également membre du comité de la Société pour la conservation des monuments historiques d'Alsace et membre du comité de la Haute-Alsace. Amateur et collectionneur, il avait, outre sa bibliothèque, formé une belle collection de monnaies alsaciennes, ainsi qu'une collection de vues de Mulhouse.

Membre de la Société industrielle depuis le 23 février 1876, il faisait partie des comités de commerce, d'histoire, de statistique et de géographie. Avec M. Kœnig-Grumler, il fut rapporteur du groupe de la filature de laine pour l'*Histoire documentaire de l'industrie de Mulhouse au 19me siècle*.

M. Gluck fut aussi un amateur passionné des courses de montagne, il a parcouru en tous sens nos Vosges, s'arrêtant volontiers aux ruines qui se dressent sur leurs flancs, ou se livrant à ses goûts de botaniste pour recueillir la flore si variée et si intéressante de leurs vallées et de leurs sommets. Les récits d'excursions qu'il a publiés dans le *Bulletin de la section vosgienne du Club alpin français,* dont il était membre et trésorier, sont écrits avec cette vivacité et cet humour dont notre collègue était coutumier. On voit qu'il savait observer et que rien ne lui échappait de la beauté du paysage, des souvenirs historiques, des coutumes et des mœurs des localités qu'il traverse. Avec M. Auguste Thierry-Mieg, il s'était chargé de la revision des textes et de la correction des épreuves de la seconde édition française du *Guide des Vosges,* de Mündel, paru l'été dernier.

M. Gluck, dans un autre domaine, rendit également service à sa ville natale en acceptant, il y a quatorze ans, la lourde charge de président de la *Concordia.* Pendant sa longue administration, il n'a cessé de travailler au développement et à la prospérité de cette belle société de chant, à laquelle se rattachent tant de jouissances artistiques et de précieux souvenirs.

Marié en 1884, M. Gluck n'a pas laissé d'enfants ;

il était le dernier représentant mâle à Mulhouse d'une famille originaire de Crautheim, en Franconie.

Nous conserverons tous le souvenir de ce collègue actif et dévoué, de ce cœur excellent, de ce compagnon sympathique, plein de gaieté et d'entrain, si attaché à Mulhouse et à notre chère Alsace.

MATHIEU MIEG.

A MES ANCIENS COMPAGNONS D'ARMES
DE LA MOBILE DU HAUT-RHIN

Rien n'ayant été publié jusqu'à présent sur les faits et gestes de notre bataillon durant la guerre néfaste de 1870—1871, l'histoire du 20me corps d'armée, auquel nous avons eu l'honneur d'appartenir, n'ayant elle-même été racontée qu'en partie par M. le général Aube, j'ai cru — cédant aux sollicitations de quelques anciens camarades et croyant remplir de mon mieux une regrettable lacune — vous être agréable à tous en livrant à la publicité les notes que j'ai été à même de prendre pendant le cours de notre malheureuse campagne.

Comme vous le voyez, ce n'est point un livre mûrement étudié et savamment écrit que je viens vous offrir; ce sont mes impressions de chaque jour, mon journal rédigé exclusivement pour moi dans le principe, que je me fais un plaisir de vous communiquer et de vous dédier dans toute sa navrante simplicité.

Acceptez mon modeste ouvrage tel qu'il est, à titre de souvenir des bonnes et des mauvaises fortunes que nous avons partagées, et croyez aux sentiments d'estime et d'amitié de votre ancien frère d'armes

EMILE GLUCK.

INTRODUCTION

Nous sommes au 1ᵉʳ août 1870. Mulhouse, depuis une quinzaine de jours, a vu passer de nombreux convois de troupes : armée d'Afrique, armée de Lyon, zouaves, turcos, fantassins, cavaliers, artilleurs, soldats de toutes armes en un mot, ont été salués, acclamés, réconfortés avec le plus vif enthousiasme par les habitants de la grande cité industrielle ! Il y a trois jours à peine qu'il règne un peu de calme sur nos voies ferrées ; le gros des transports militaires est effectué, nos braves défenseurs sont à la frontière, et s'il faut en croire les on-dit, plusieurs centaines de mille hommes seraient échelonnés entre Metz et Strasbourg ; de quelque côté que doive commencer l'attaque, les coups ne tarderont pas à se porter, et la France, l'Alsace surtout, attendent avec une anxiété fiévreuse le résultat de la première rencontre de nos troupes avec l'ennemi.

Sur ces entrefaites, le décret mettant le département du Haut-Rhin en état de siège et appelant sous les armes les jeunes gens faisant partie de la garde nationale mobile, a paru ; il a fallu trois grandes semaines pour préparer nos feuilles de route, et ce n'est que pour ce soir que nous sommes invités à nous trouver à Belfort.

Aujourd'hui donc, ce sont ses propres enfants que Mulhouse accompagne à la gare, et elle le fait d'une manière digne d'elle.

Après nous être réunis à la Porte Jeune, nous nous formons en cortège et, musique en tête, nous traversons la ville pour nous rendre au chemin de fer. Partout sur notre passage ce ne sont que joyeux vivats, qu'ovations, que bouquets de fleurs et gracieux sourires. On ne se dit point adieu comme s'il s'agissait d'un départ sérieux, mais simplement au revoir, car enfin avec une armée organisée comme l'est la nôtre, la victoire est certaine ; la campagne sera de courte durée, et pour six ou huit semaines de garnison qu'il nous faudra tenir à Belfort, y a-t-il là de quoi alarmer parents et amis ? Certainement non ; aussi notre futur genre de vie ne nous apparaît à tous que comme une joyeuse diversion à nos occupations habituelles, comme un passe-temps des plus nouveaux et des plus agréables !

C'est dans de telles dispositions d'esprit que nous quittons Mulhouse et que nous arrivons à Belfort, où nous attendent nos officiers rendus à leur poste depuis quelques jours déjà.

Aussitôt descendus de wagon, on nous aligne tant bien que mal, et en avant, marche! nous traversons les faubourgs, qu'encombre une foule de militaires, de chevaux et de fourgons appartenant au corps du général Douai, et nous pénétrons en ville. Arrivés sur la place d'Armes, on nous divise en plusieurs détachements qui prennent la direction des différents forts, et, à la nuit tombante, les recrues de la garde mobile de Mulhouse sont casernées sur les hauteurs qui dominent la trouée de Belfort, et peuvent se livrer au sommeil sur les *moelleux* traversins qui garnissent les lits de camps des forts du Château, de la Justice et de la Miotte!

CHAPITRE PREMIER.

BELFORT.

Formation et organisation du 4ᵉ Bataillon de la Mobile du Haut-Rhin.

5 Août 1870. — Je suis parti de chez moi plein d'illusions, comme la plupart de mes camarades; je me figurais que tout était prêt pour nous recevoir à Belfort, et qu'au bout de quelques jours, vu les circonstances extraordinaires dans lesquelles nous nous trouvons, nous serions enrégimentés, habillés, armés et en train d'acquérir les premières notions de l'instruction militaire.

Je me trompais grossièrement, hélas!

Quatre jours déjà se sont écoulés depuis notre arrivée au corps, et nous nous trouvons encore identiquement au même point que lorsque nous sommes venus; il n'y a parmi nous tous ni ordre, ni cohésion, ni même l'ombre d'une discipline quelconque. Les contrôles sont pour la plupart inexacts ou inachevés, et partant la distribution des hommes par compagnies est très mal faite : il n'y a pas de place dans nos casernes, et une grande partie de notre monde se voit obligée de coucher en ville comme faire se peut; la soupe n'est pas servie régulièrement; en un mot, il règne partout et en toutes choses un désordre épouvantable.

Cependant le télégraphe, après nous avoir appris le maigre succès de Saarbrücken, nous a transmis le fatal et incontestable échec de Wissembourg ! Ce premier revers éprouvé par nos armes, aussi terrible qu'inattendu, semble avoir fait ouvrir l'œil à l'administration militaire, qui daigne enfin s'occuper de nous et de la déplorable situation dans laquelle nous nous trouvons.

Depuis ce moment, en effet, nos supérieurs de tous grades paraissent vouloir se remuer un tant soit peu, et nous sommes soumis à un semblant de discipline; les cadres commencent à se former, les chambrées s'installent assez régulièrement, le quartier est bien et dûment consigné pendant la plus grande partie de la journée, et l'on se décide enfin à nous inculquer les premières leçons de l'école du soldat.

7 Août 1870. — Depuis deux jours, le corps d'armée du général Douai a quitté Belfort pour se rendre à Altkirch et de là à Mulhouse; la place n'est plus occupée que par des « mobiles », et comme il y a quelques heures seulement que nous sommes en possession de nos uniformes, nous profitons du beau temps et de la liberté qui, le dimanche après-midi, est octroyée au troupier, pour nous promener en ville et exhiber nos vêtements neufs.

Vers trois heures, me trouvant sur la place d'Armes, je vois venir à moi un lieutenant de notre bataillon, l'air effaré, la figure bouleversée :

« Caporal, me dit-il, montez immédiatement au Château et emmenez avec vous tous les hommes du bataillon que vous rencontrerez sur votre chemin ; il faut que tout le monde soit rentré au quartier dans le plus bref délai. »

Je me mets aussitôt en devoir d'exécuter l'ordre qui m'a été donné ; je monte au Château, raccrochant au passage quelques-uns de nos hommes, et j'arrive à destination où je puis enfin obtenir quelques renseignements sur ce qui se passe.

Tous les visages sont mornes et abattus ; on s'entretient à voix basse, et quelque différentes que soient les versions qui circulent, elles s'accordent toutes sur un seul et même point : c'est que notre armée vient d'éprouver un nouvel et sanglant échec !

« Mac-Mahon a été défait », disent les uns.

« Les Prussiens passent le Rhin à Chalampé », répètent les autres.

« Douai a quitté Mulhouse et bat en retraite sur Belfort », affirme un troisième.

En un mot, on n'entend de tous côtés que fâcheuses et terribles nouvelles, on ne voit partout que consternation et stupeur !

Il n'y a cependant encore rien d'officiel sur les faits qui se sont passés et qu'on commente de toutes parts ; le télégraphe reste muet, et ne vient jeter aucune lumière sur les racontars qui font le tour de la ville.

Pour nous, militaires, une fois consignés, il n'y a plus

moyen d'obtenir de nouveaux renseignements sur la valeur à attacher aux rumeurs de toute nature qui circulent; mais à défaut de nouvelles officielles, une corvée qu'on nous fait faire, et qui consiste à chercher des fusils à l'arsenal, achève de nous convaincre qu'il vient de se passer de graves événements, tellement graves même, que le gouvernement, si prompt d'ordinaire à nous annoncer le plus petit succès, n'ose pas cette fois avouer la vérité à la population qui, frémissante, demande des nouvelles avec la plus vive impatience.

Vers le soir seulement, la dépêche si ardemment attendue est enfin placardée, lue et colportée en un rien de temps dans toutes les directions, même jusqu'au fond de nos casernes. Les quelques lignes dont elle se compose sont accablantes, et la lecture de ce document vous torture le cœur; le doute n'est plus permis : Mac-Mahon et notre belle armée d'Afrique sont écrasés, l'Alsace envahie et l'ennemi aux portes de Strasbourg!.... Frœschwiller, ce nom fatal et maudit, est dans toutes les bouches; ce ne sont dans nos chambrées que cris de rage et de désespoir, et c'est à qui demandera une arme pour marcher à l'ennemi!

Le 8 août nous apporte la confirmation d'un autre bruit également funeste : le corps d'armée du général Douai, battant en retraite, a dû quitter Mulhouse le 7 au matin, et est incessamment attendu à Belfort. Cette nouvelle, qu'on a peine à croire d'abord, n'est hélas! que trop vraie, et me trouvant de garde au Château dans la nuit du 8 au 9, je puis, aux premières lueurs de l'aube, apercevoir sur la route d'Altkirch une longue file noire qui, soulevant des nuages de poussière, s'avance vers la porte de Brisach : c'est de la cavalerie, suivie peu après d'artillerie, de train, d'infanterie; en un mot, c'est tout le 7ᵉ corps qui rentre à Belfort !

Qu'y a-t-il donc de nouveau ?

La nouvelle du passage du Rhin à Chalampé par de nombreuses troupes ennemies serait-elle vraie, et Belfort courrait-il le risque d'être investi dans quelques heures ?

Telles sont les questions qu'on se pose mutuellement et auxquelles personne ne sait répondre; le seul fait indiscutable, évident, réel, c'est que le général Douai est de retour dans nos murs, et que ses troupes y ont fait leur rentrée d'une manière déplorable et dans le désordre le plus complet !

10 Août 1870. — Le mystère de la retraite du 7ᵉ corps est éclairci, et l'on est forcé de s'avouer que 20,000 Français, sur la foi de certains faux bruits, ont été saisis d'une terreur panique et ont fui de Mulhouse en pleine débandade, devant un ennemi imaginaire !

Du reste, cette expédition sur Mulhouse a été empreinte d'un cachet si singulier, que je ne puis m'empêcher d'en dire quelques mots ici.

Le 4 août au matin, le 7ᵉ corps de l'armée du Rhin quittait Belfort et allait camper le même soir à Altkirch; dans la journée du lendemain, les troupes arrivaient à Mulhouse, où on leur fit dresser leurs tentes sur le champ de manœuvres de la Doller.

Après l'affaire de Wissembourg, où nos soldats avaient été taillés en pièces par suite d'un manque de précautions inqualifiable, il eut semblé prudent et sage de la part des officiers supérieurs du 7ᵉ corps, de prendre à Mulhouse les mesures nécessaires pour se mettre à l'abri d'un coup de main, alors surtout que notre frontière de Neuf-Brisach à Huningue était complètement dépourvue de troupes, et que l'ennemi, passant le Rhin sur n'importe quel point de notre territoire entre ces deux places, pouvait arriver à Mulhouse d'un instant à l'autre.

Il n'en fut rien malheureusement !

Aussitôt le camp établi, c'était à qui retournerait en ville pour y faire bombance. Bon nombre d'officiers et de soldats, oublieux de leurs devoirs et ne songeant qu'aux plaisirs, passèrent une grande partie de la nuit dehors, et ne rentrèrent sous leurs tentes que fort tard et dans un piteux état ; le manque de vigilance, l'absence de toute discipline, la licence même paraissaient être à l'ordre du jour du 7e corps, pendant le court séjour qu'il a fait à Mulhouse.

Tandis que son armée se conduisait de la sorte, le général Douai était informé par dépêche que de forts détachements ennemis passaient le Rhin à Chalampé ; dans l'espace de quelques heures, il reçut plusieurs missives de ce genre, lui annonçant toujours l'arrivée des Prussiens sur le sol français. Les nouvelles, paraît-il, devinrent même tellement alarmantes, que le 7 vers 9 heures du matin, ordre fut donné aux troupes de lever le camp et... de battre en retraite.

Si M. le général, qui avait à sa disposition un régiment de lanciers et quelques escadrons de chasseurs à cheval et de hussards, se fût donné la peine d'envoyer une simple reconnaissance de cavalerie aux bords du Rhin, distant de 15 à 20 kilomètres seulement de Mulhouse, il eût pu facilement se convaincre que toutes les nouvelles dont on le gratifiait à satiété, étaient sans le moindre fondement, et n'avaient pris naissance que dans le cerveau malade de quelque fonctionnaire trop empressé à faire des excès de zèle.

Mais on ne jugea pas à propos d'approfondir la chose ; l'ombre d'un Allemand paraissant sur le Rhin, il n'y avait plus pour l'armée française qu'un seul parti à prendre : celui de quitter Mulhouse au plus vite et de se réfugier sous le canon de Belfort.

Aussi, quelle retraite, grand Dieu !

On se sauva précipitamment, à fond de train, pour ainsi dire, comme si l'ennemi n'était qu'à très peu de distance ; c'était à qui se débarrasserait soit de son sac, de son casque, enfin de tout ce qui aurait pu entraver une marche folle et insensée.

On atteignit ainsi Altkirch où, sous l'impression constante que l'ennemi suivait notre armée pas à pas, on mit les canons en batterie sur les hauteurs, on établit de nombreuses grand'gardes et on se prépara au combat.

Les Prussiens ne vinrent pas, bien entendu, et le lendemain on continua à se diriger sur Belfort, où le 7e corps fit son entrée, tel que je l'ai raconté plus haut.

Je n'en dirai pas plus sur cette expédition, qu'on ne peut se rappeler sans un serrement de cœur inexprimable, surtout quand on songe au peu de capacité dont ont fait preuve, dans cette circonstance, nos officiers d'état-major qui prenaient à Mulhouse le canal du Rhône au Rhin pour le Rhin lui-même, et qui à Altkirch n'osaient établir leurs batteries sur les plateaux les plus élevés, parce qu'ils se figuraient que les collines situées en dehors du périmètre de la ville faisaient déjà partie du territoire suisse ! ! !

25 Août 1870. — La France envahie, Strasbourg investi et bloqué, notre armée défaite à Forbach et à Metz, et battant en retraite sur Reims et Châlons, nos revers, en un mot, se succédant avec la rapidité de l'éclair, sont venus, en nous faisant mesurer à tous la profondeur de l'abîme dans lequel nous sommes tombés, ranimer quelque peu la molle ardeur de nos administrations militaires et hâter les préparatifs qui se font en vue de la lutte à outrance que la nation paraît vouloir soutenir contre l'envahisseur.

A Belfort, j'ai de la joie à le constater, rien n'est épargné pour mettre la place, dans le plus bref délai possible, en mesure d'opposer une résistance sérieuse à toute attaque de la part de l'ennemi.

A cet effet, on a arrêté et on arrête journellement encore de nombreux convois de vivres, de munitions, d'armes et d'effets d'habillement à destination de Strasbourg, où il est en ce moment impossible de pénétrer ; on équipe et on arme peu à peu les nombreuses recrues qui tiennent garnison dans la forteresse, tandis que l'artillerie est occupée à garnir de canons les remparts et les forts, et que les ouvriers du génie travaillent sans relâche aux nouvelles redoutes des Perches, qui sont appelées à devenir une des positions les plus importantes pour la défense de Belfort.

Les mobiles du Haut-Rhin, qui forment ici trois bataillons, le 1er (Belfort), le 4e (Mulhouse) et le 5e (Altkirch), ont été des premiers à être convenablement équipés. Le 4e Bataillon, auquel j'ai l'honneur d'appartenir, offre en ce moment l'aspect d'une troupe, sinon régulière, du moins en bonne voie de formation. Nous portons tous l'uniforme au complet, nous sommes armés du fusil à tabatière, et grâce aux quatre heures d'exercices qu'on nous fait faire par jour, nous commençons à exécuter assez passablement les diverses manœuvres de l'école du soldat et de l'école de peloton. La discipline aussi gagne journellement du terrain ; mais hélas ! il nous reste encore bien du chemin à faire pour arriver à cette obéissance passive, à cette parfaite connaissance du devoir, à cette entière soumission au service qui distinguent les vrais militaires ! Il y a parmi nous bon nombre d'hommes qui ne se croient pas soldats du tout et qui attachent à l'épithète de « garde mobile » une signification tout autre que celle que lui attribue le récent décret nous mettant sur le pied d'activité. Sévit-on durement, consigne-t-on le quartier ou ordonne-t-on une corvée plus ou moins agréable, il s'élève aussitôt et de bien des côtés, des plaintes, des murmures, des marques de mauvaise volonté qui parfois se traduisent tout haut et d'une façon très significative, même en présence des supérieurs de tout grade.

D'ailleurs, eu égard à la façon dont on a procédé à l'organisation de la garde nationale mobile, et vu les circonstances qui ont nécessité l'appel immédiat de cette classe d'hommes sous les armes, on ne peut guère s'attendre à voir régner, dans un corps ainsi composé, une discipline sévère et ponctuellement observée. La plupart de nos chefs, comme chacun sait, étaient, en arrivant à Belfort, aussi ignares dans l'art militaire que le dernier des soldats qu'ils allaient avoir à commander ; il suffisait alors, pour porter dans la garde mobile l'épaulette ou au moins les galons, de savoir lire, écrire et calculer, et d'avoir fait auprès du gouvernement les démarches nécessaires pour l'obtention d'un brevet d'officier ou de sous-officier, qui presque toujours était aussitôt octroyé que sollicité.

Or, comme tout métier, et celui des armes surtout, demande un apprentissage plus ou moins long et pénible, il s'ensuit naturellement que nos jeunes chefs, encore inexpérimentés et entièrement novices dans les nouvelles et difficiles fonctions qui leur sont dévolues, ne parviennent pas, malgré toute la bonne volonté dont ils sont susceptibles, à se faire écouter, obéir et respecter comme il serait désirable qu'ils le fussent.

Le manque de condescendance envers les supérieurs est d'autant plus manifeste et apparent que nos compagnies se composent presque exclusivement de jeunes gens d'un même canton, se connaissant pour la plupart et, partant, s'estimant tous égaux les uns aux autres. Ces hommes n'ont aucune idée de ce que c'est que la hiérarchie militaire, et tel individu ayant pour sergent son plus proche voisin, pour lieutenant ou sous-lieutenant un ancien camarade de classe, et ainsi de suite, il résulte de cette intimité que le supérieur n'ose parfois ni réprimander, ni rappeler son subordonné au devoir aussi vertement qu'il devrait de faire, et que, de son côté, le soldat reçoit tantôt en souriant et en haussant les épaules, tantôt la menace à la bouche et les poings fermés, les observations que lui adresse son chef.

Ce genre d'insubordination, dont j'ai été témoin à plusieurs reprises et qui se renouvelle assez fréquemment, surtout de de la part des simples soldats à l'égard des sous-officiers, forme un trait caractéristique de la défectuosité de notre système de mobilisation, et prouve combien, pour les services que nous sommes appelés à rendre, il serait désirable que tout l'effectif de nos cadres, depuis le chef de bataillon jusqu'au dernier caporal, fût composé de militaires sortant de l'armée active !

5 Septembre 1870. — De graves et terribles nouvelles nous sont parvenues depuis deux jours.

Hier, de bon matin, un télégramme affiché à la sous-préfecture nous annonçait que nos troupes, sous les ordres du maréchal de Mac-Mahon, avaient subi un sanglant et décisif échec auprès de Sedan ; l'ennemi était victorieux sur toute la ligne ; l'infâme et lâche Napoléon III, plus soucieux d'épargner sa vie que de sauvegarder l'honneur national, préférant se rendre honteusement plutôt que de mourir à la tête de ses soldats, avait capitulé et livrait pieds et poings liés au roi de Prusse les 60,000 hommes qui, en dehors des 160,000 hommes enfermés dans Metz avec le maréchal Bazaine, formaient la dernière armée régulière de la France !!!

C'est là un coup de foudre auquel personne n'osait s'attendre, et l'effet qu'il a produit sur le moral des habitants et de la garnison à Belfort est terrifiant. Les uns ne peuvent ajouter foi à une pareille nouvelle. Soixante mille Français mettre bas les armes ? Allons ! cela n'est pas possible ! D'autres veulent bien croire à un revers, mais à un désastre pareil à celui que le télégraphe nous a transmis, jamais !

Aujourd'hui, cependant, le mystère est complètement éclairci, et les dépêches qui se sont succédé depuis vingt-quatre heures nous confirment pleinement l'affreux malheur de Sedan ; nous n'avons plus d'armée, et la route de Paris est ouverte à l'étranger qui, dans huit jours, pourra camper sous les murs de la capitale.

Voilà l'extrémité à laquelle nous nous trouvons réduits dans l'espace d'un mois, par suite de cette déclaration de guerre à l'Allemagne faite le cœur léger et le sourire aux lèvres par Napoléon III et ses ministres ; trente jours ont suffi pour précipiter la France dans le plus profond des abîmes et pour mettre le pays à deux doigts de sa perte !

Comme conséquence inévitable et naturelle de ce qui s'est passé à Sedan, le télégraphe nous informe successivement de la fuite de l'impératrice-régente, de l'envahissement du Corps législatif par le peuple, de la dispersion des députés, et enfin de la proclamation de la République à l'Hôtel de ville de Paris.

Cette dernière nouvelle vient d'arriver à Belfort il n'y a qu'un instant, et je la tiens de la bouche d'un de nos officiers qui rentre au Château et qui a lu la dépêche ; il est près de 10 heures du soir, et au moment où, mettant à profit le silence qui règne dans la chambrée, je trace ces lignes, les cris de « Vive la République ! » poussés à plusieurs reprises dans l'intérieur de la ville montent jusqu'à moi et viennent distinctement frapper mes oreilles.

10 Septembre 1870. — Les mesures énergiques prises par le gouvernement de la République pour organiser sur une vaste échelle la défense du pays, la levée en masse qui vient d'être décrétée et qui appelle sous les armes tous les hommes valides et non mariés, de vingt jusqu'à quarante ans, les travaux entrepris à Paris pour mettre cette place en état de soutenir un siège, la résolution prise par les membres du Gouvernement de ne souscrire à aucune paix honteuse et de continuer la guerre en cas de non-réussite des négociations entreprises par M. Jules Favre auprès du comte de Bismarck, en un mot l'attitude ferme du Gouvernement de la République, contrastant singulièrement avec la faiblesse et l'inertie dont le Gouvernement impérial n'a cessé de faire preuve depuis l'ouverture de la campagne, vient en quelque sorte relever les esprits et ranimer le courage de tous les Français.

Ici, on redouble d'ardeur et l'on travaille sans relâche ; les forts se garnissent de canons, les redoutes s'élèvent de toutes parts, et bientôt Belfort sera en état de recevoir l'ennemi dignement et d'une manière conforme à sa vieille réputation.

Les divers bataillons de « moblots » et les quelques détachements d'infanterie qui tiennent garnison dans la forteresse, sont pour la plupart armés, habillés et suffisamment exercés pour faire, d'une façon satisfaisante, le service de la place ; aussi l'on ne nous ménage guère, et les gardes à monter se succèdent pour nous avec une rapidité étonnante.

Notre bataillon a occupé, jusque vers la fin du mois d'août, les trois forts du Château, de la Justice et de la Miotte ; à cette époque, par suite de l'augmentation croissante de la garnison et du manque de place pour loger tout le monde, un changement a eu lieu. Celles de nos compagnies qui étaient casernées à la Justice et à la Miotte ont reçu l'ordre d'évacuer ces forts et sont venues camper dans les fossés avoisinant la porte de Brisach ; il y a quelques jours un nouveau déplacement s'est opéré, et par suite d'un ordre émané de la Place et confiant la défense du poste du Château au 4e bataillon de la mobile du Haut-Rhin, les compagnies dont il est question sont toutes venues se renfermer dans l'enceinte du fort, les unes occupant une partie des casemates, les autres campant dans les fossés intérieurs et les chemins couverts du Château.

Tel que je l'ai déjà dit, notre Bataillon commence à prendre une tournure et des allures un tant soit peu militaires ; les manœuvres de l'école de bataillon nous sont à peu près familières, et quand, au retour de l'exercice ou de la promenade, nous défilons dans les rues de la ville, au son de notre fanfare, nos divers mouvements s'exécutent avec assez d'ordre et de régularité pour nous valoir les félicitations et les compliments de la population belfortaine qui se forme en foule sur notre passage.

30 Septembre 1870. — Encore une triste nouvelle à ajouter à tant d'autres ! Strasbourg a capitulé !!..... L'héroïque cité, qui depuis plus d'un mois est livrée à l'incendie et à toutes les horreurs d'un siège sans précédent dans l'histoire, incapable, faute de moyens de défense, de résister plus longtemps, vient de succomber ; l'ennemi est maître aujourd'hui de cette importante place forte qui lui ouvre l'Alsace jusqu'à Brisach et la Lorraine jusqu'à Nancy et Metz ! Déjà les troupes allemandes sont en marche vers le Haut-Rhin, et sous peu Neuf-Brisach sera investi ; d'après un bruit très répandu, il paraît qu'il n'y a malheureusement dans cette place, ni garnison, ni vivres, ni munitions en quantité suffisante pour qu'il soit possible d'y résister longuement. Belfort ne peut donc manquer d'être bloqué sous peu, mais grâce aux nombreux et importants travaux que le génie a fait exécuter depuis deux mois, grâce aux approvisionnements dont regorgent les casemates, il faut espérer que nous serons à même de défendre vaillamment la forteresse que nous avons mission de conserver à la France, et qui jamais, même aux jours néfastes de 1815, n'a permis à l'étranger de pénétrer dans ses murs.

1ᵉʳ Octobre 1870. — Il y a une quinzaine de jours environ qu'un beau soir nous reçûmes l'ordre de nous mettre en route ; vivres et munitions, on nous avait distribué à la hâte tout ce qu'il fallait, et nous avions même abandonné notre cantonnement, *en route pour Mulhouse,* lorsqu'arrivés à la Porte de France, un contre-ordre nous fit rebrousser chemin et retourner au Château. Le lendemain il n'était plus question de notre départ qui, paraît-il, n'était que la conséquence d'une fausse alerte.

Aujourd'hui, nous recevons derechef l'ordre net et précis de nous tenir prêts à entrer en campagne dans le plus bref délai, et à cet effet l'administration nous fournit tout ce dont nous avons besoin. Campement, munitions, vivres, armes, vêtements, nous touchons un peu de tout, et en ma qualité de sergent-fourrier, je suis occupé tout le jour et une partie de la nuit à faire aux hommes des distributions de toute nature. Il s'agit cette fois d'un départ sérieux, car il résulte des dernières instructions consignées dans le rapport, que nous serons relevés de notre poste par un bataillon des mobiles du Rhône, et que demain, dès l'aube, le 4ᵉ bataillon des mobiles du Haut-Rhin devra quitter Belfort..... pour n'y plus rentrer peut-être.

CHAPITRE II.

Expédition aux environs de Belfort et dans les Vosges.

2 Octobre 1870. — C'est un dimanche et favorisés par un temps superbe que nous quittons Belfort. Avant l'aube déjà tout le monde est sur pied, et les sous-officiers et caporaux n'ont pas, comme d'habitude, à harceler et pousser les hommes pour qu'ils soient prêts à l'heure indiquée ; chacun est heureux de partir, d'entrer en campagne, de changer l'existence monotone et régulière que nous avons menée entre les murs de notre forteresse, pour la vie plus libre des camps, avec ses émotions, ses charmes et bien aussi ses dangers. En disant adieu à Belfort, il nous semble secouer avec joie nos sandales contre la porte d'un affreux donjon, où il ne nous est échu en partage pendant deux mois que corvées, exercices, gardes à monter, ennuis de toutes sortes enfin ; en campagne, par contre, tout nous apparaît sous de plus riantes couleurs.

La saison n'est pas encore bien avancée et les derniers jours d'automne paraissent devoir être des plus agréables ; il ne fait pas trop chaud et, partant, les marches ne seront pas trop fatigantes ; les nuits ne sont pas froides, et avec de la paille nous dormirons parfaitement à l'aise sous la tente; plus d'exercice, plus de quartier consigné, mais en revanche le grand air, la liberté, le droit de cuire son fricot comme on l'entendra, et le plaisir de siroter matin et soir sa tasse de moka. Quel bonheur !

Puis en dehors de ces avantages matériels dont bon nombre doivent être fort illusoires, tel que la suite nous le prouvera certainement, il y a le côté moral et réel de notre expédition, la fierté de pouvoir se dire qu'on va rendre service au pays, à l'Alsace surtout qui nous a tous vu naître, et qui, depuis deux mois, est livrée à toutes les horreurs de la guerre, au massacre, à l'incendie, au pillage. Nous n'avons certainement point les qualités d'une troupe aguerrie, tant s'en faut, et un général méticuleux pourrait trouver au moins prématurée notre entrée en campagne, mais si nous ne sommes pas des militaires accomplis, le courage du moins ne nous fait pas défaut, et nous brûlons du désir de voir de près les féroces dévastateurs de nos contrées et de nous mesurer avec eux.

D'ailleurs, la France vient d'adresser un appel suprême à tous ses enfants, et nous nous applaudissons d'être des premiers à marcher au devant de l'ennemi qui, depuis Sedan et la prise de Strasbourg, peut s'avancer impunément jusqu'au cœur de notre pays. Malgré les revers qui, depuis le début de la guerre, ont été le partage de nos armes, nous avons foi encore en la bonne étoile de la France, comme les volontaires de 1792, nous allons au combat avec la ferme résolution de délivrer la patrie du joug de l'envahisseur, ou de périr dans l'accomplissement de cette grande tâche !

C'est animé de ces nobles sentiments que le 2 octobre

1870, à 5 heures du matin, le régiment du Haut-Rhin, composé des 1er et 4e bataillons de la garde nationale mobile et placé sous le commandement du lieutenant-colonel Vivenot, quitte Belfort, musique en tête, par la porte de France. La colonne, au sortir de la ville, prend la direction du village de Valdoye, au devant duquel on fait la première halte, puis tournant à droite et se rapprochant des Vosges, le régiment arrive dans l'après-midi au bourg de Grosmagny où s'arrête le 4e bataillon, sous les ordres du commandant Dollfus-Galline, tandis que le 1er bataillon, commandant Dumas, se poste à environ un kilomètre plus loin, sur la route.

Notre camp est établi dans un repli de terrain au bord du chemin de grande communication qui relie Giromagny à Rougemont. Aussitôt les tentes dressées et alignées, les feux s'allument, le bouillon cuit et, pour la première fois, nous vivons de la vraie vie du troupier ; il faut avouer du reste que nous sommes fort bien tombés et que, moyennant finances, bien entendu, il nous est possible de nous procurer toutes sortes de provisions au village.

Le soleil se couche ; la lune paraît au firmament, et pendant quelque temps ses rayons blafards viennent éclairer la scène si animée que présente notre camp, où tout est vie et mouvement. Les uns, en soldats insoucieux des fatigues du jour et de celles que leur réserve le lendemain, ne songent qu'à leur bien-être matériel et savourent avec délices leur repas du soir ; d'autres, accroupis sur le gazon, sont rangés en cercle autour de quelque gai luron qui raconte force histoires et entonne une foule de chansonnettes au grand amusement de son auditoire, dont les joyeux éclats de rire contrastent singulièrement avec l'attitude calme et recueillie de ceux d'entre nous que la nature a doués d'une âme plus poétique que le commun des mortels, et qui, fuyant la société de leurs bruyants camarades, recherchent la solitude et le silence pour y promener leurs esprits rêveurs. Peu à peu cependant tout bruit cesse ; les feux s'éteignent les uns après les autres ; philosophes, poètes et épicuriens regagnent le camp et, s'étendant sous leurs tentes, cherchent dans le sommeil un repos qui leur est des plus nécessaires.

3 Octobre 1870. — Nous sommes sur pied de bonne heure, mais comme il n'y a aucun ordre de départ, la matinée est presque exclusivement consacrée à faire la cuisine. Vers midi, un changement dans l'alignement du camp ayant été trouvé nécessaire, on procède à la rectification ordonnée par le commandant, lorsque tout à coup nous arrive la nouvelle de mettre immédiatement sac au dos et de nous tenir prêts à partir dans un instant. Tandis qu'on plie bagage, il se fait encore une distribution de vivres, puis notre bataillon, escorté de trois pièces de canon de six, se met en marche, opère sa jonction avec le 1er bataillon, et se dirige sur Anjoutey et Saint-Germain. Au sortir de cet endroit, la colonne prend à droite la route des Errues, et semble vouloir se diriger sur Belfort ; il n'en est rien cependant, car, arrivés au village de Roppe, nous changeons notre itinéraire, et après avoir marché à travers champs pendant une bonne heure, nous nous arrêtons enfin et nous campons sur une petite éminence d'où l'on aperçoit de tous côtés brûler les feux de bivouac, tandis que dans le lointain apparaît, légèrement argentée par les reflets de la lune, la noire silhouette de la tour de la Miotte.

4 Octobre 1870. — Avant le jour, le réveil est sonné, les tentes pliées et toute la troupe prête à partir. Le régiment ne tarde pas à s'ébranler ; nous retournons au village de Roppe, à une portée de fusil duquel nous allons planter nos dieux-lares au centre d'une belle clairière située sur le flanc d'un coteau et entourée de toutes parts de magnifiques forêts. Le temps continue à être d'une sérénité parfaite, et nous avons des vivres en abondance ; c'est plus qu'il n'en faut pour nous rendre heureux et contents.

5 Octobre 1870. — Nous quittons dans la soirée notre campement de Roppe, et notre colonne, à laquelle vient de se joindre un détachement du 85e de ligne et un bataillon de mobiles de la Haute-Saône, se remet en marche, tournant le dos à Belfort et s'avançant sur la route de Cernay. Après de longues et fréquentes haltes, nous nous arrêtons définitivement près du village des Errues, et notre régiment se range en bataille sur les prairies qui s'étendent des deux côtés de la route des Errues à Saint-Germain. Notre position est des mieux choisies, dissimulés comme nous le sommes derrière des massifs d'arbres, et garantis en quelque sorte par un cours d'eau qui longe notre front de bandière ; nos tentes sont bien vite dressées sur ce bel emplacement où, avec de la paille à discrétion et un ciel scintillant d'étoiles, nous pouvons nous endormir tranquilles et certains de passer une excellente nuit.

6 Octobre 1870. — De grand matin on sonne aux fourriers ; je me rends immédiatement auprès de l'adjudant et de là chez le lieutenant-colonel faisant fonctions de général, pour prendre communication du rapport de la brigade qui est ainsi conçu :

« Les troupes doivent manger la soupe sans retard.

« Après l'appel de 9 heures, tout le monde restera au camp ; sous aucun prétexte les officiers, sous-officiers et soldats ne doivent aller dans les villages, soit en avant ou en arrière du camp. On fera quatre appels dans la journée : le premier à 9 heures, le second à midi, le troisième à 3 heures, le quatrième à 8 heures.

« A l'appel de midi, les commandants de compagnies passeront la revue des armes et munitions ; ils rendront compte au chef de bataillon de cette revue.

« Les compagnies de service à l'artillerie n'ont pas exécuté l'ordre qui avait été donné d'éteindre les feux à 6 heures du soir et de ne les allumer qu'après la prise d'armes. Le général prévient une dernière fois que ses ordres doivent être rigoureusement exécutés ; MM. les commandants de compagnie en seront responsables.

« Les tentes ne seront montées que sur un ordre qui sera donné, s'il y a lieu, au rapport de 4 heures. »

Nous voilà donc entrés dans la partie sérieuse de notre expédition, autant du moins qu'il est permis d'en juger par les mesures qui sont prises et par les nouvelles qui arrivent journellement à Belfort sur la marche progressive des Prussiens dans le Haut-Rhin. Colmar a été occupé après un léger combat ; Neuf-Brisach est bloqué, et une division allemande est établie à Mulhouse, d'où partent à tout instant des reconnaissances de cavalerie qui ne craignent pas de s'avancer jusqu'à proximité du canon de Belfort.

Pour peu que ce manège continue, nous ne tarderons pas pas à faire le coup de feu.

10 Octobre 1870. — Nous sommes toujours aux Errues et nous y passons notre temps à exécuter toutes sortes de manœuvres et de travaux ; on fait l'exercice, on sèche les toiles de tentes qui, tous les matins, sont couvertes d'humidité, on nettoye ses armes, on lave ses effets et, le soir venu, on se met en devoir de reconstruire l'habitation qui doit abriter l'escouade pendant la nuit. Je pourrais ajouter à ces occupations multiples, les corvées de vivres qui, quoique se faisant avec assez de régularité, ne laissent pas que d'être fort ennuyeuses, surtout pour les malheureux fourriers. Aussi longtemps qu'il a fait beau, nous n'avons pas eu trop lieu de nous plaindre, mais depuis qu'il pleut et que dans l'obscurité la plus profonde il nous faut assister aux distributions, recevoir, dans un état impossible à décrire, le pain, le sucre, le sel et les autres denrées, faire transporter tout cela à nos campements respectifs et recommencer là le partage par escouades, je laisse à penser dans quelles heureuses dispositions d'esprit nous nous trouvons parfois, mes collègues et moi !

Aujourd'hui ma compagnie est de grand'garde dans le bois, et au moment où je m'apprête à me rendre au rapport chez le commandant, on vient nous avertir de quitter notre poste et de rejoindre le régiment qui est en train de lever le camp à la hâte, et qui sous peu va se mettre en route.

A midi, la marche du régiment retentit ; nous abandonnons les Errues et allons rallier à Grosmagny la 7ᵉ compagnie de notre Bataillon qui n'a jamais quitté cet endroit ; puis, sans s'arrêter, la colonne continue à avancer jusqu'à ce que nous ayons atteint Giromagny, gentille petite ville située au pied des Vosges, où nous sommes reçus à bras ouverts par les habitants qui se font un plaisir de nous loger et de nous traiter de leur mieux.

J'ai la chance de tomber avec mon sergent-major dans une excellente famille qui est pour nous aux petits soins, et qui nous reçoit en vrais enfants de la maison.

Nous avons une chambre et un lit !

Ah ! quel plaisir j'éprouve à me débarrasser des vêtements qui ne m'ont pas quitté depuis huit jours consécutifs, et avec quelle volupté je m'enfouis dans de belles couvertures blanches ! Il faut avoir passé deux mois dans les casemates d'une citadelle et couché pendant une semaine sous la tente, pour estimer à sa juste valeur et pour apprécier, comme il mérite de l'être, le moelleux édredon qui ce soir m'est échu en partage.

11 Octobre 1870. - Je n'oublierai jamais la belle et bonne nuit que je viens de passer et, sans le clairon du bataillon qui a eu l'heureuse inspiration de sonner le réveil juste sous mes fenêtres, je crois que le soleil eût été bien haut à l'horizon avant que j'eusse songé à ouvrir l'œil. Mais dans l'état militaire, il ne faut jamais enfreindre la consigne, et, partant de ce principe, nous faisons, mon major et moi, nos remercîments et nos adieux à nos généreux hôtes bien avant le jour, puis nous nous rendons sur la grande place d'où, à six heures du matin, la colonne s'ébranle. Il s'agit, pour parfaire l'étape de la journée, de traverser le Ballon d'Alsace et de gagner sur l'autre versant des Vosges le village de Saint-Maurice ; la distance à parcourir est d'environ 20 kilomètres à travers la montagne, et le point culminant du Ballon, auquel il nous faut arriver, se trouve situé à 1244 mètres au-dessus du niveau de la mer.

Pour le touriste ou l'amant de la belle et sauvage nature, qui aime à courir par monts et par vaux, cet itinéraire est déjà passablement long et fatigant ; mais pour le troupier chargé de son sac et de son fourniment qui, à l'instar de Bias, porte tout ce qu'il possède sur sa personne, la chose est bien autrement dure et pénible ! Et les pauvres chevaux que nous venons de réquisitionner à Giromagny, et qui ont à transporter de l'autre côté des monts les vivres de toute notre brigade, quelle rude tâche leur est incombée !

Escortant les voitures du bataillon en qualité de fourrier, j'ai occasion de voir les efforts incessants, inouïs, tentés par ces malheureuses bêtes pour atteindre avec leur fardeau le sommet de la montagne ; bien souvent je crois qu'il sera impossible à certains de nos véhicules d'arriver à destination, et si en effet tous les hommes de l'escorte ne se mettaient aux roues aux passages difficiles de la route, il est hors de doute qu'il faudrait abandonner en chemin une partie de notre convoi. Heureusement le tout arrive à bon port, et après cinq heures de montée fort peu agréable, hommes et animaux, parvenus au sommet du Ballon, ont le loisir de souffler et de grignoter les uns une croûte de pain, les autres un maigre picotin d'avoine. Pour moi, tout en dévorant avec avidité un biscuit que j'exhume des profondeurs de mon bissac, je me plais à admirer le ravissant spectacle qui se présente à mes regards. Le temps est serein et le soleil, qui brille de tout son éclat, projette ses lumineux rayons du haut des sommités vosgiennes, au centre desquelles nous nous trouvons, jusqu'au fond des gorges et des vallons que nous venons de traverser, et qui s'étendent à nos pieds dans toute leur majestueuse grandeur. Ce ne sont autour de nous que sommets couverts de pâturages, auxquels succèdent des bois immenses où la teinte sombre des sapins s'harmonise agréablement avec les mille couleurs diaprées dont se pare en automne le feuillage des arbres de nos contrées. C'est beau, vraiment beau, et en face de ce panorama superbe que mes yeux ne peuvent se lasser de contempler, peu s'en faut que je m'oublie et que je me prenne à rêver au lieu de rejoindre mes voitures ; mais l'inexorable trompette qui retentit soudain, vient à la fois me rappeler à mes devoirs de soldat, me tirer de mes réflexions philosophiques, et m'annoncer que le temps de repos étant expiré, il faut derechef emboîter le pas.

Le Ballon atteint et franchi, la portion la plus difficile de notre route est parcourue, et jusqu'à Saint-Maurice, nous n'avons plus qu'à descendre par un chemin bien frayé et faisant de nombreux zigzags, ce qui permet à nos malheureux chevaux de faire ce trajet dans un espace de temps relativement fort court et sans trop se fatiguer.

Au coucher du soleil, nous sommes rendus à destination, mais à l'encontre de Giromagny, où la veille nous avons eu d'excellents lits, il faut camper à Saint-Maurice ; l'emplacement d'ailleurs est fort bien choisi sur le versant d'une colline, et comme nous sommes suffisamment pourvus de vivres et de paille, nul ne songe à se plaindre.

La nuit est fraîche cependant et, pour la première fois, les hommes se ressentent de l'atteinte du froid ; me trouvant éveillé vers 1 ou 2 heures du matin, je constate qu'un certain nombre de militaires ont quitté leurs tentes pour aller se réchauffer auprès d'un grand feu qu'ils ont allumé, et autour duquel ils sont tous accroupis.

12 Octobre 1870. — Tandis que les cuisiniers font bouillir le café, de grands feux de paille s'allument de tous côtés, et chacun se met en devoir de sécher sa toile de tente blanchie et durcie par la gelée ; le jour commence à poindre sur ces entrefaites, et au moment où le premier rayon de soleil fait son apparition, nous quittons Saint-Maurice. La route que suit notre colonne est celle de Remiremont, où, d'après un bruit généralement répandu, nous devons nous rendre pour rallier le corps du général Cambriels et marcher décidément à l'ennemi qui, depuis la reddition de Strasbourg, pénètre dans l'intérieur de la France par tous les passages des Vosges. En moins d'une heure nous atteignons la petite ville du Thillot, au devant de laquelle on nous fait faire non pas une pause, mais une véritable halte. Grand est notre étonnement et nombreux les commentaires auxquels on se livre au sujet de l'arrêt inopiné que subit notre marche ! Le rapport que nous communique le colonel, aussitôt qu'on a mis sac à terre, ne nous apprend rien de nouveau, si ce n'est que le *statu quo,* dans lequel nous nous trouvons, pourra être d'assez longue durée. Voici du reste les instructions qu'il renferme :

« Le régiment restera ici jusqu'à nouvel ordre. On va s'occuper de faire la soupe immédiatement. Sous aucun prétexte les hommes n'iront au village ; tout le monde restera au camp, même MM. les officiers. Le colonel attend les ordres du général en chef. Il va être fait de suite une distribution de sucre et de café. »

Nous restons de la sorte sans démarrer, exposés à la pluie

qui tombe par torrents, et dans l'incertitude la plus complète sur les événements qui nous condamnent à l'inaction, jusque vers le soir, où ordre nous est donné de monter les tentes. Malheureusement, nous sommes mouillés de part en part, et avant que de pouvoir nous servir de nos toiles de campement, il faut les tordre et en exprimer une quantité d'eau considérable; pour comble d'infortune, défense étant faite de pénétrer dans l'intérieur du village, il nous est impossible de nous procurer de la paille, et par le temps abominable qu'il fait, force nous sera de coucher sur la dure. Aussi notre bataillon, qui depuis son départ de Belfort s'est toujours fait remarquer par sa bonne conduite et sa discipline, se met, contre son habitude, à murmurer et à maugréer contre ses supérieurs, prétextant que c'est à dessein qu'on a attendu, pour nous faire camper, que la nuit fût venue et que nous fussions trempés jusqu'aux os. Il peut y avoir quelque chose de fondé dans le dire de nos hommes, mais cela n'est nullement certain; selon toutes les probabilités notre colonel n'a reçu lui-même que fort tard l'ordre de faire rester son monde là où il se trouve, et, comme de juste, il n'a pas pu nous communiquer la décision du général en chef avant que de l'avoir reçue.

Ensuite, en supposant même que nos officiers soient dans leur tort, toute récrimination de la part des soldats est superflue et leur conduite est des plus blâmables, car il est inadmissible qu'un homme puisse ouvertement manifester son mécontentement au sujet de telle ou telle mésaventure qui lui échoit en partage; le troupier sous les armes n'est plus son libre arbitre; il est avant tout l'esclave de la discipline, et il doit s'y soumettre sans la moindre réserve.

Après nos premières défaites, il n'y eut qu'un seul cri poussé par l'armée, et qui trouva de l'écho dans toute la France :

« Nous sommes trahis ! Nos officiers ne valent rien ! » s'écriait-on de tous côtés.

Je suis loin d'approuver la conduite de certains de nos généraux, et j'admets que notre corps d'officiers n'ait pas répondu à l'opinion qu'on en avait généralement jusqu'alors ; mais il faut aussi reconnaître que le moral de nos troupes était vicié, que la licence régnait partout, que l'obéissance et la discipline étaient devenues de vains mots, et qu'enfin le plus mauvais piou-piou qui savait à peine lire et écrire, se croyait autorisé à contrôler les faits et gestes de son général, et même le cas échéant à l'aider de ses conseils et à lui tracer son plan de campagne ! Avec de tels éléments faut-il s'étonner que, malgré la bravoure déployée par les héros de Frœschwiller et de Gravelotte, nous ayons été vaincus par un ennemi qui, grâce à sa puissante organisation militaire, possède une armée nombreuse, compacte, soumise à une discipline rigide et obéissant sans broncher à des supérieurs qu'elle considère non pas comme des génies malfaisants et taquins, mais bien comme des chefs en qui il faut avoir toute confiance si l'on veut marcher avec certitude à la victoire ?

J'en reviens à mon régiment qui, malgré ses plaintes et ses doléances, n'obtient — et avec raison — ni paille, ni cantonnement, et se voit forcé, tout en maugréant, de camper dans l'eau et la boue.

Pour moi, je m'enroule tant bien que mal dans ma demi-couverture qui ne tarde pas à s'imprégner d'eau ainsi que mes vêtements; je sens l'humidité gagner mon corps, j'ai le frisson, je grelotte, je me vois déjà malade et incapable de me mettre sur pied le lendemain; puis peu à peu mes idées deviennent plus confuses, la fatigue l'emporte, je ferme les yeux et je m'endors bientôt d'un profond sommeil.....

13 Octobre 1870. Je m'éveille ce matin, mouillé, crotté et légèrement courbaturé, mais de bonne humeur et la tête libre, sans le moindre vestige de fièvre ou de malaise quelconque; il en est de même des camarades qui, tout en n'ayant pas reposé sur des lits de roses, ne s'en portent pas plus mal pour cela et doivent profondément regretter, aujourd'hui que la pilule est avalée, les scènes violentes qui ont eu lieu la nuit dernière.

Vers 8 heures, le camp est levé et notre défilé commence; nous traversons en partie la petite ville du Thillot, mais au lieu de marcher sur Remiremont, nous prenons à gauche une direction diamétralement opposée. Hier encore il était question de pénétrer au cœur du département des Vosges, et aujourd'hui nous nous mettons en devoir de franchir de nouveau la montagne pour retomber sur le versant opposé, et gagner un point quelconque de la plaine, du côté de Lure ou de Vesoul; nous abandonnons l'Alsace et la Lorraine pour nous retirer à l'intérieur du pays.

Pourquoi ce mouvement rétrograde? Nul ne le sait.

Nous cheminons sans nous arrêter jusque vers 5 heures du soir, et après avoir franchi le Ballon de Servance et parcouru la vallée de l'Ognon, nous arrivons enfin à Mélisey, assez gros bourg distant du Thillot d'environ 23 kilomètres. C'est ici que, selon les instructions reçues ce matin, doit se terminer pour nous l'étape de la journée, et la présence d'un corps de troupes assez nombreux ne faisant pas partie de notre brigade et bivouaquant au bord de la route, nous fait supposer un instant que notre jonction avec la division du général Cambriels est un fait accompli et que Mélisey a été choisi comme centre de concentration de l'armée des Vosges. Hélas! nous sommes grandement dans l'erreur. Quelques mots échangés au hasard avec nos nouveaux camarades, viennent confirmer les craintes et les appréhensions qu'ont inspiré à la plupart d'entre nous les changements apportés hier soir et ce matin à l'itinéraire qui nous était primitivement tracé. La France a une nouvelle défaite à enregistrer; le 10 octobre, nos armes ont été vaincues à La Bourgonce, et les troupes que nous avons sous les yeux sont les malheureux débris du corps d'armée du général Cambriels, battant en retraite aussi précipitamment que possible, et cherchant à se retirer sous le canon de quelque place forte pour s'y rallier et s'y reformer.

Pour nous qui arrivons trop tard au secours de l'armée des Vosges, il ne nous restera naturellement qu'à faire comme elle, et, sans nous être battus, force nous sera de tourner le dos à l'ennemi et de suivre le mouvement de retraite qui s'exécute en ce moment.

Déjà l'on vient de nous annoncer que Mélisey n'est pas le but de notre étape, et qu'il n'y sera fait qu'une halte d'une heure pour se reposer et casser une croûte.

Cet ordre est ponctuellement exécuté, et, à la nuit tombante, nous nous remettons en marche par un temps épouvantable. Les éclairs sillonnent les nues, le tonnerre gronde, il pleut à torrents, toute la nature en un mot semble conjurée contre nous, et la tempête ne cesse de sévir avec une violence inouïe pendant toute la durée du trajet de Mélisey à Lure.

Mon poste est toujours auprès des voitures, et si pendant quelque temps je m'apitoie uniquement sur mon malheureux sort, exposé comme je le suis à de continuelles rafales de vent et de pluie, et n'ayant plus un fil de sec sur ma personne, je ne puis, après avoir pris mon parti de la triste situation qui nous est faite à tous, m'empêcher de songer au convoi de vivres que j'ai mission d'accompagner, et qui, lui aussi, est exposé aux cataractes du ciel. Les voitures réquisitionnées à Saint-Maurice sont dépourvues de bâches imperméables, et partant tout leur contenu : sel, sucre, pain, café, riz, nos approvisionnements de plusieurs jours, tout est impitoyablement rincé et lessivé par la pluie !

Vers 9 heures, nous atteignons enfin la ville de Lure où, par le temps atroce qu'il fait et qui rend le campement à peu près impossible, il nous paraît hors de doute que nous serons logés chez l'habitant, et cette douce perspective nous fait oublier les misères de tous genres dont nous avons été abreuvés dans le courant de la journée.

Aussitôt nos voitures dûment remisées dans le parc destiné à les recevoir, nous attendons, mes collègues et moi, les ordres du capitaine commandant l'escorte et les billets de logement si ardemment désirés ; il ne vient rien, hélas ! et, ne sachant que devenir, nous nous adressons à un officier d'état-major qui est en train de placer un cordon de sentinelles autour du parc, et qui nous répond laconiquement :

« Logez-vous où vous pourrez ! »

Il paraît que c'est là le mot d'ordre général, tel que nous

pouvons facilement nous en convaincre en voyant partout les militaires frapper aux portes des habitations; aussi, mettant à profit le conseil qui nous a été donné, nous pénétrons dans la première maison qui se trouve sur notre passage. C'est un hôtel où, à peine entrés et apercevant sur la table les débris d'un souper qu'on vient de servir, nous n'avons rien de plus pressé à faire, mes camarades et moi, que de dévorer avec un appétit vorace les restes qui se trouvent à notre portée.

L'hôtesse qui, entre parenthèses soit dit, se fait grassement payer, nous laisse à peine achever notre repas et nous prie d'évacuer les lieux, prétextant qu'elle n'a pas de place pour nous loger. Nous lui faisons observer que nous nous contenterons de nous coucher sur des chaises, voire même sur le plancher, pourvu qu'elle veuille bien, moyennant rétribution, cela va sans dire, faire du feu dans le poêle afin que nous puissions sécher nos vêtements jusqu'au moment du départ, fixé à 3 heures du matin. Chose incroyable, la mégère ne veut point accéder à notre proposition; elle consent, par un effort suprême de sa bonté, à nous abandonner pour la nuit les sièges sur lesquels nous sommes assis, mais pour ce qui est du feu, elle nous répond par un refus catégorique, et tandis que, de guerre lasse, nous cherchons à nous assoupir, elle décharge sur nous le poids de sa colère et de sa mauvaise humeur, en nous accablant de toutes sortes d'épithètes malsonnantes.

14 Octobre 1870. — Une mauvaise nuit est bientôt passée, surtout lorsqu'elle ne commence qu'à 11 heures du soir, et que, dès 3 heures du matin, la diane sonnant aux quatre coins de la ville, vient mettre fin au sommeil du troupier. Nous nous levons, et souhaitant à notre brave hôtesse de trouver parmi les uhlans prussiens, qui ne vont pas tarder à lui rendre visite, d'aussi accommodants sujets que ceux qu'elle a rencontrés dans la mobile du Haut-Rhin, nous quittons sa maison et allons rejoindre le régiment et nos voitures.

« L'ennemi est à nos trousses », s'écrie-t-on de toutes parts ; « il faut partir au plus vite ! »

C'est ce qui a lieu, en effet, et quoiqu'il fasse encore nuit noire, on se met en marche au pas accéléré et la colonne s'engage sur la route de Villersexel où, chemin faisant, nous avons l'occasion de voir le général Cambriels suivi de son état-major ; celui-ci, sous prétexte que les Prussiens nous serrent de très près, change l'itinéraire qui nous est tracé et scinde notre colonne en deux détachements dont l'un, composé des troupes proprement dites, s'écarte de la route de Villersexel et se dirige sur Montbonzon par une autre voie, tandis que l'autre, formé des convois de vivres et de leur escorte, poursuit le chemin primitivement choisi.

Villersexel est atteint et traversé sans qu'il y soit fait le moindre arrêt ; de là, à grand renfort de coups de fouet appliqués sur l'échine des chevaux, de horions ou de jurons distribués aux hommes, on arrive d'abord au village de Cubrial et enfin dans la petite ville de Rougemont, où se fait la grande halte à 4 heures du soir. Hommes et chevaux sont exténués, et l'arrêt que nous faisons ici est des plus nécessaires pour que nous soyons à même d'arriver à bout de la longue étape que nous avons à parcourir. Aussi ne nous est-il octroyé qu'une heure de repos, à l'expiration de laquelle notre longue file de voitures s'ébranle de nouveau pour ne s'arrêter définitivement qu'au village d'Avilley où nous arrivons à 9 heures du soir, harassés de fatigue : nous avons fait 45 kilomètres depuis ce matin !

Le régiment campe un peu en avant du village ; pour moi, je reste auprès de nos bagages jusqu'à ce qu'ils soient en lieu sûr, puis, souffrant horriblement des pieds et ne pouvant plus me traîner jusqu'auprès de nos tentes, je me hasarde à frapper à la porte d'une modeste habitation. On m'ouvre et, contrairement à ce qui m'est arrivé la veille à Lure, je suis reçu de la façon la plus cordiale par une brave et digne femme qui m'offre avec empressement une place au coin de son feu pour me réchauffer, et une paillasse pour y passer la nuit.

15 Octobre 1870. — Comme les jours précédents, je quitte de grand matin le toit hospitalier où j'ai dormi d'un sommeil bien doux, pour me rendre auprès de mon convoi de vivres qui ne tarde pas à se remettre en route. A midi on fait la grande halte à Marchaux et, vers le soir, nous arrivons en vue de Besançon où il nous est interdit de pénétrer, mais dont nous faisons le tour pour nous rendre au Polygone, où j'arrive presque seul avec les voitures affectées au service de notre bataillon. Il fait nuit noire quand ma besogne se trouve achevée, et personne ne peut me renseigner vers quel cantonnement s'est dirigé le régiment du Haut-Rhin ; je me vois donc dans la nécessité d'élire domicile pour la nuit dans l'auberge la plus proche du lieu où sont déposés nos vivres. Après d'assez longues recherches, je réussis à découvrir un gîte et je vais me coucher, non sans me livrer préalablement à d'amères réflexions sur la triste issue de notre malheureuse campagne dans les Vosges, si prématurément terminée, et sur les conséquences funestes que ne manquera pas d'avoir pour les provinces de l'Est de la France le désastre éprouvé par l'armée du général Cambriels.....

CHAPITRE III.

BESANÇON.

16 Octobre 1870. — Dès le jour je m'en retourne à mes voitures, et chemin faisant j'apprends que notre régiment est cantonné dans le village de Saint-Fergeux, situé à environ 3 kilomètres de Besançon, sur la route de Dampierre. Aussi, après m'être assuré que les vivres et bagages confiés à ma garde sont en lieu de sûreté, je me mets en devoir de rejoindre mon bataillon. Les renseignements qu'on m'a fournis sont exacts, et je trouve à Saint-Fergeux tout le régiment installé d'une manière assez confortable dans différents locaux de l'endroit. Ma compagnie a planté ses dieux-lares dans un couvent de femmes où nous occupons une vaste salle ayant précédemment servi d'ambulance; il y a de la paille à discrétion; les sœurs sont pleines de bonté pour nous, et rivalisent de zèle pour soigner nos malades; ce sont à la vérité des délices de Capoue après plusieurs jours de fatigues continuelles, et nos jeunes troupiers, harassés et abîmés par les marches forcées qu'on leur a fait faire depuis notre départ des Errues, se prélassent avec délices sur leurs couchettes, et se livrent aux douceurs d'un repos dont ils ont grand besoin.

A tout moment, l'effectif du bataillon qui se trouvait réduit de près de moitié le soir de notre arrivée, se complète par l'apparition des traînards, des éclopés et de ces insupportables *fricoteurs*, comme les dénomme mon capitaine, qui font la désolation des corps d'armée, et qui, sous n'importe quel prétexte, trouvent toujours moyen de s'arrêter dans un village ou dans quelque ferme isolée, où ils sont certains de trouver bonne table et fort souvent bon lit, tandis que leurs camarades couchent sur la dure et souffrent toutes sortes de privations. Quelle triste engeance que ces troupiers qui, insoucieux de leurs devoirs, égoïstes et sans cœur, n'ont constamment à l'idée que leur bien-être matériel! On ne saurait être assez sévère à l'égard de pareils individus, et c'est toujours avec la satisfaction la plus vive que j'ai vu la maréchaussée ramener dans les rangs, à coups de plat de sabre, les misérables qui ne craignaient pas de feindre des douleurs factices pour se soustraire à la marche, rester en arrière des colonnes et, une fois perdus de vue par leurs supérieurs, se livrer à la maraude pour l'exercice de laquelle ils retrouvaient comme par enchantement toute leur énergie et toute leur vigueur!.....

On procède dans le courant de la journée au déchargement des vivres que nous traînons à la remorque depuis Saint-Maurice, et qui, grâce au mauvais temps dont nous avons été favorisés, se trouvent dans un état pitoyable; à l'exception du café, du riz et du lard, auxquels la pluie n'a pu faire de mal, le restant de nos approvisionnements est bon à jeter. Heureusement pour nous, Besançon et l'intendance militaire ne sont pas éloignés; les corvées s'organisent rapidement, et vers le soir chaque homme peut de nouveau savourer en toute tranquillité une bonne soupe accompagnée d'une excellente tranche de bœuf bouilli.

18 Octobre 1870. — Qu'allons-nous faire autour de Besançon ? S'agit-il d'y rester quelque temps ou allons-nous être appelés à nous remettre en marche dans un bref délai ? Cette question, que nous nous posons depuis deux jours, n'a pas encore reçu de solution ; mais à en juger par les dispositions que prend l'autorité supérieure à notre égard, il est fort probable que nous séjournerons pendant un certain laps de temps dans ces parages, afin d'y perfectionner notre éducation militaire et surtout pour y compléter notre armement et notre équipement en vue de la campagne d'hiver qui va s'ouvrir. Nous n'avons en effet ni capotes, ni havresacs, ni gibernes, ni bons souliers, et cependant s'il faut nous remettre en route, ces objets nous sont tout à fait indispensables. C'est ce que nos chefs comprennent fort bien ; aussi dès le 16 il a été recommandé au rapport de fournir par compagnie un état de ce qui manque en objets de toute nature.

Espérons que les distributions ne tarderont pas à commencer.

19 Octobre 1870. — Ce matin, par une pluie torrentielle et dans l'obscurité la plus profonde, nous quittons notre excellent cantonnement de Saint-Fergeux avec sac et bagages, pour aller occuper aux alentours immédiats de la ville les postes de combat qui nous sont assignés ; c'est auprès du village de La Bouloie, sur des champs détrempés par l'eau, et où nous enfonçons dans la crotte jusqu'à mi-jambe, que nous allons prendre position pour y rester immobiles et l'arme au pied jusqu'au soir, où l'on daigne nous octroyer la permission de passer la nuit dans des granges.

Cette nouvelle est accueillie avec joie, surtout par les récalcitrants et les mécontents de profession, qui, habitués aux douceurs dont ils ont joui pendant leur séjour à Saint-Fergeux, n'ont cessé de murmurer et de grommeler tout le jour, imitant en cela l'exemple de quelques *pratiques* des régiments de marche de l'armée des Vosges, avec lesquels nous sommes en contact depuis la retraite de Lure, et qui tout naturellement se sont empressés de faire des prosélytes parmi les *moblots*. Mais ils jouent gros jeu ; les cas d'insubordination ont été prévus par le gouvernement de la Défense nationale, qui, résolu à attaquer le mal dans sa racine, a promulgué, en date du 2 Octobre 1870, un décret instituant dans les régiments une Cour martiale pour remplacer les Conseils de guerre jusqu'à la cessation des hostilités. Nous ne sommes pas longtemps sans ressentir l'effet de cette rigoureuse mais sage mesure, et dès ce soir l'ordre suivant nous est communiqué par notre général de division :

Ordre de la Division.

« Le général commandant la 1re division annonce aux troupes placées sous ses ordres, que le soldat P..., du 4e bataillon du 85e régiment de ligne, condamné à mort par la Cour martiale pour insubordination et menaces envers un officier de son régiment, a subi sa peine hier, 18 octobre, à 3 heures de l'après-midi, en présence de son bataillon.

« Le général espère que ce terrible et douloureux exemple frappera les esprits, et les ramènera au sentiment du devoir et de la discipline. »
Fontaine-Ecu, 19 Octobre 1870.

Le général commandant la Division,

(Signé) THORNTON.

Avis à qui de droit, et espérons que désormais on ne plaisantera plus sur le chapitre de la discipline.

22 Octobre 1870. — Nous sommes toujours à La Bouloie, sous les armes du matin au soir, et prêts à toute éventualité. Les précautions dont la place de Besançon cherche à s'entourer et les diverses manœuvres qu'on nous fait faire, ne sont d'ailleurs que trop justifiées par les faits et gestes de l'ennemi qui, depuis notre retraite des Vosges, s'avance sur Dijon sans aucune perte de temps. Il y a quelques jours déjà, on a signalé à très peu de distance de la ville la présence de cavaliers prussiens, et comme on sait par expérience que ces éclaireurs servent généralement d'avant-coureurs au gros des bataillons ennemis, on se tient sur ses gardes. Aujourd'hui dans la matinée, la route de Besançon à Marnay, auprès de laquelle nous avons pris position, se couvre tout à coup de monde et de véhicules de tous genres : ce sont des paysans qui, accompagnés de leurs familles et chargés de leurs effets les plus précieux, s'enfuient à grands pas du côté de la ville ; ils paraissent tous saisis d'une terreur panique, et ne répondent que par quelques mots aux questions que nous leur adressons.

« Les Prussiens sont dans notre village », nous crient-ils

au passage et sans s'arrêter ; « on se bat du côté de Cussey et de Châtillon, et nous nous sauvons à Besançon ».

Accoutumés comme nous le sommes depuis le début de la campagne à voir fuir ainsi les habitants des villes et des villages au moindre bruit, souvent sans fondement, de l'approche de l'ennemi, nous attachons d'autant moins d'importance au dire des fuyards qui encombrent la route, que nous sommes sans ordre de nature à nous faire croire à la probabilité d'un combat, et que d'ailleurs on n'entend pas la moindre détonation, alors que l'engagement dont il s'agit doit avoir lieu à 10 kilomètres au plus de l'endroit où nous nous trouvons.

Cependant, vers midi on nous donne avis de nous tenir prêts à partir instantanément ; les renseignements fournis par les paysans sont exacts, et quoique nous ne percevions aucun bruit, on se bat réellement à Cussey. Nous nous mettons en marche et nous suivons la route de Marnay pendant une heure environ, jusqu'à ce que nous ayons atteint les hauteurs qui dominent le village de Pouilley-les-Vignes ; là, pas plus qu'auprès de Besançon, nous n'entendons la fusillade, et aucun bruit alarmant ne vient frapper notre oreille : tout est tranquille et calme.

Malgré cette quiétude apparente, le général Thornton a mis sur pied la majeure partie des troupes qui composent sa division ; nous sommes au nombre de 5 ou 6,000 fantassins et cavaliers, plus une batterie d'artillerie dont les canons sont tous prêts à vomir la mitraille au premier signal. Notre régiment, qui laisse une partie de ses hommes auprès de l'artillerie pour servir de colonne de soutien à cette arme, se déploie en tirailleurs et étend ses lignes à droite et à gauche du plateau central occupé par les bouches à feu. Nous restons de la sorte l'arme chargée, l'œil et l'oreille au guet jusqu'à une heure assez avancée de la soirée, sans voir le moindre Prussien et sans ressentir d'autre émotion que celle que peut produire sur de jeunes imaginations un superbe coucher de soleil..... Nous avons été favorisés pendant tout le jour d'un temps magnifique, et à l'heure qu'il est, au moment où, noyé dans des nuages de pourpre et d'or, le soleil disparaît derrière les pics élancés des sommités jurassiques, nous jouissons, du haut des crêtes que nous occupons, d'un ravissant coup d'œil. Ce ne sont autour de nous que coteaux chargés de vignes et de forêts, et que riants vallons au sein desquels s'étalent gracieusement de nombreux villages ; le paysage revêt cet aspect souriant et triste à la fois, cette teinte jaune, brumeuse, opaque, qui est particulière aux belles soirées d'automne, et qui pousse insensiblement à la rêverie. Tout dans la nature semble respirer la paix, la tranquillité, le bonheur ; seules les gueules de nos canons et les pointes aiguës de nos baïonnettes qui reluisent dans l'ombre, tranchent sur le fond général du tableau, et, rappelant à nos esprits les douloureuses circonstances dans lesquelles nous nous trouvons et les malheurs de la patrie, viennent rompre le charme qu'exercent sur nous les merveilles de la Création et remplissent nos cœurs d'amertume et de tristesse !.....

Il fait nuit noire quand enfin l'ordre arrive de se reformer en colonne sur la route, en observant toutefois le plus grand silence. Le régiment se masse, et tout doucement nous nous remettons en marche dans la direction de Besançon pour ne nous arrêter et faire halte qu'à moitié chemin environ du village de Pirey et des positions que nous occupions dans la matinée. Par ordre du colonel, il est permis de se débarrasser de son sac et de s'allonger sur le sol, mais en ne dormant que d'un œil et sans pouvoir allumer le moindre feu, bien entendu.

C'est ainsi que nous passons à la belle étoile la froide nuit du 22 au 23 octobre.

O casemates de Belfort, où nous nous trouvions si bien sur des lits de camp, et où, malgré cela, nous nous plaignions toujours, combien nous vous regrettons!....

28 Octobre 1870. — Les combats de Cussey et de Châtillon ont tourné à notre avantage, et l'ennemi, se doutant probablement de la présence d'un corps d'armée assez considérable autour de Besançon, n'a pas jugé à propos de nous inquiéter depuis lors. Les Prussiens ont continué leur marche sur Dijon, où malheureusement ils viennent de faire leur entrée après avoir bombardé et incendié les faubourgs de cette ville.

Pour nous, nous sommes toujours sur le qui-vive; ce ne sont à tout moment que prises d'armes et changements de positions; ces derniers surtout sont fort ennuyeux et sans la moindre importance. Nous ne faisons à la vérité que changer constamment de lieu de campement; chaque matin nous abandonnons le champ où nous avons passé la nuit, pour un autre distant de 2 ou 300 mètres, où nous nous établissons, mais pour quelques heures seulement, sauf à recommencer le lendemain le manège de la veille. Journellement nous arpentons ainsi les terres labourées, par un temps épouvantable; nous enfonçons jusqu'au-dessus de la cheville dans une boue molle et vaseuse, la pluie qui ne cesse de tomber nous mouille de pied en cap, et pour comble de malheur, le vent qui souffle avec une violence inouïe, renverse chaque soir bon nombre de nos tentes.

Quel guignon, grand Dieu !.....

Les autorités de la place, informées probablement des maux que nous endurons et des maladies qui en sont l'inévitable conséquence, ont daigné nous prendre en commisération, et suivant un avis qui vient de nous parvenir, nous serons enfin cantonnés ce soir. Cette nouvelle est accueillie avec un vif enthousiasme par tout le régiment, et chacun s'empresse sans plus tarder de plier sa tente ; on met bientôt sac au dos et, vers le coucher du soleil, le 4e bataillon du Haut-Rhin est définitivement installé au château de Tillerois, qui jusqu'à nouvel ordre doit lui servir de résidence.

Quoique possesseurs d'une fort belle habitation, entourée d'un vaste et magnifique parc, nous ne sommes pas logés en vrais grands seigneurs, tant s'en faut ; mais nous nous trouvons à l'abri des intempéries de la saison, nous avons de la paille en quantité suffisante, et, partant, chacun s'estime heureux et content.

29 Octobre 1870. — Quelques jours après l'arrivée des troupes du général Cambriels, Besançon a eu l'honneur de la visite de M. Gambetta, ministre de la guerre, accouru dans cette ville pour se rendre compte par lui-même des besoins de l'armée de l'Est. Le ministre a facilement pu se convaincre de l'état de dénûment dans lequel nous nous trouvions à cette époque, et il a dû en être frappé, car immédiatement et dans la mesure des moyens dont dispose le Gouvernement, on s'est mis à l'œuvre pour compléter notre armement et notre équipement dans le plus bref délai.

Au moment de son départ, M. le ministre a adressé aux troupes qu'il était venu visiter une proclamation dont notre général de division nous communique aujourd'hui la teneur par la voie d'un ordre du jour ainsi conçu :

ARMÉE DE L'EST
—
IIe Division

ORDRE DE LA DIVISION.

« Le général commandant la 2e division de l'armée de l'Est porte à la connaissance des troupes placées sous son commandement, l'ordre du jour laissé par M. le ministre de la guerre lors de son passage à Besançon.

« Le général profite de cette occasion pour rappeler une fois de plus les soldats de l'armée et de la garde mobile au sentiment de la discipline.

« De nouvelles fautes commises exigent une répression douloureuse.

« Un zouave qui s'est rendu coupable d'un acte grave et prévu par la loi attend actuellement à la prison militaire le jugement de la Cour martiale. D'autres hommes, après le combat du 22, ont eu l'insigne folie de vendre à des habitants des fusils Chassepot qu'ils avaient, disent-ils, trouvés sur le champ de bataille. Enfin, d'autres soldats indignes de ce nom, ont abandonné leur poste au simple bruit de l'approche de l'ennemi.

« Le crime de lâcheté, comme les autres crimes, comme les fautes contre la discipline, sera poursuivi avec la plus grande rigueur, et le général commandant la 2e division ne négligera aucun moyen de donner aux hommes qu'il commande les qualités d'une vieille troupe aguerrie, patriotique et fidèle, qualités qui peuvent seules amener le succès et et sauver la patrie ».

Fontaine-Ecu, 24 octobre 1870.

Le général commandant la 2ᵉ division,
(Signé) Thornton.

Proclamation.

« *Officiers et soldats !*

« La situation des départements de l'Est de la France est, avec celle de Paris, l'objet de nos constantes et plus vives préoccupations.

« C'est sous l'empire de ces légitimes anxiétés que je suis accouru parmi vous pour examiner de près l'organisation de l'armée de l'Est, et prendre les mesures nécessaires.

« Il faut organiser et agir.

« Dans ce double but, les troupes restées sous Besançon seront refondues, organisées, divisées en brigades et en demi-brigades, et recevront tous les renforts en hommes, chevaux, canons, munitions, vivres et approvisionnements nécessaires pour constituer une véritable et solide armée.

« Il sera pourvu de la sorte à la force matérielle, mais n'oubliez pas que celle-ci n'est rien sans la force morale qui, dans l'armée, ne peut sortir que de la pratique des vertus républicaines, principalement de la discipline, du sacrifice et du mépris de la mort.

« La République fait, sans distinction d'âge et de condition, appel à toutes les capacités; mais elle a besoin de les éprouver et de juger du mérite par les actes, et avant de reconnaître à personne le droit de commander, elle veut s'assurer que celui qui doit être revêtu du commandement est digne de l'exercer et sait obéir.

« En conséquence, pour maintenir fermement l'application de ces principes, le ministre de la guerre

« Ordonne :

« Il sera constitué immédiatement à côté de la Cour martiale des Conseils de guerre par divisions, chargés d'examiner la conduite des officiers qui, oublieux de leurs devoirs, ne marchent pas avec leurs troupes et ne savent pas faire respecter les lois et la discipline.

« Ces officiers pourront être immédiatement relevés de leurs fonctions et incorporés comme soldats s'ils sont soumis aux conditions d'âge du service militaire.

« Il est spécialement rappelé aux Cours martiales qu'elles doivent faire exécuter les dispositions des décrets qui les constituent.

« Le présent ordre sera lu pendant trois jours à trois appels consécutifs par jour, et affiché par les soins de l'autorité militaire ».

Fait à Besançon, le 18 Octobre 1870.

Le membre du Gouvernement de la Défense nationale, ministre de l'intérieur et de la guerre,

(Signé) Léon Gambetta.

M. le ministre a tenu parole et ses promesses se réalisent. Nous avons successivement reçu des capotes, des guêtres, des ceinturons, de bons souliers, une masse d'objets enfin qui nous sont tous nécessaires; à plusieurs reprises même, il a été question de l'arrivée de fusils Chassepot, mais jusqu'à présent il ne nous a été fait aucune distribution de ce genre, et la *tabatière* est la seule arme à feu que nous possédions.

31 Octobre 1870. — Hier dimanche, plusieurs de nos officiers s'étant rendus à Besançon dans le courant de la journée, en ont rapporté le soir la nouvelle de la capitulation de Metz. Personne n'a voulu ajouter foi à leurs paroles, tant paraissait incroyable le récit qu'ils nous ont fait, mais aujourd'hui que se trouve affichée la dépêche officielle du Gouvernement, annonçant la lâche trahison de Bazaine et la reddition de notre plus importante place forte, le doute n'est plus permis; il faut malgré soi se rendre à l'évidence et vider ce nouveau calice de douleur.

Notre dernière armée régulière, l'élite de nos troupes, 150,000 hommes, ont été vendus par un maréchal de France indigne de ce nom, par un infâme prétorien, servile créature de l'empire qui, pour satisfaire à la fois ses propres vues ambitieuses et favoriser les noirs desseins de l'homme de Sedan, n'a pas eu honte de livrer aux Prussiens l'armée sur laquelle la France fondait ses dernières et plus chères espérances!.....

Dépourvus de troupes régulières et bien organisées, anéantis, ruinés, déshonorés comme nous le sommes après les épouvantables catastrophes qui se sont succédé pour nous depuis l'ouverture de la campagne, que faire et à quel parti s'arrêter dans la triste situation que nous ont créée les événements? Faut-il s'avouer vaincu, implorer la clémence du vainqueur et signer un honteux traité de paix?

Si, comme nous le jettent journellement à la face nos adversaires d'outre-Rhin, nous fussions aussi ramollis et pervertis qu'ils veulent bien le dire, nous nous prosternerions certainement à leurs pieds et nous serions prêts à souscrire à toutes les conditions qu'il leur plairait nous imposer afin d'être mis à même de recouvrer au plus tôt ce bien-être, ces plaisirs qu'ils nous reprochent autant qu'ils nous les envient et vers lesquels, selon eux, tendent toutes les aspirations de nos âmes avilies et de nos esprits corrompus!

Mais tous ces beaux phraseurs qui nous jugent sans nous connaître, se trompent étrangement.

Héritière forcée des fautes de l'empire, la République a l'âme virile et ne se rendra pas comme Napoléon coupable du crime de lâcheté et de trahison! Elle sait trouver dans le cœur et le patriotisme de ses représentants de mâles accents pour dire au vainqueur que si la France demande à traiter, elle entend le faire sans subir des conditions par trop humiliantes, et qu'elle veut avant tout maintenir son honneur à la hauteur de son infortune!.....

Les Prussiens, qui paraissent vouloir nous écraser sous les talons de leurs bottes, ayant fait au Gouvernement des propositions inacceptables, toute idée de négociation semble momentanément abandonnée, et la France se met en devoir de soutenir contre l'envahisseur une lutte acharnée que sans doute il vaudrait mieux éviter au point de vue de l'intérêt général du pays, mais vers laquelle nous poussent les circonstances, et qui, quelle qu'en soit l'issue, ne pourra tourner qu'à notre entière justification et relèvera en quelque sorte aux yeux de l'Europe et du monde entier, l'honneur de notre drapeau et du nom français avili, souillé et traîné dans la fange par l'empire et ses méprisables créatures!.....

8 Novembre 1870. — La triste nouvelle de la prise de Metz nous était à peine connue que déjà nous recevions l'ordre de nous tenir prêts à partir, et le 2 Novembre, à 5 heures du matin, le régiment se trouvait sous les armes attendant le signal du départ qui fut contremandé; chacun rentra par conséquent dans son cantonnement respectif et reprit son train de vie habituel.

Le 4, un ordre du jour nous fait part de la démission du général Cambriels qui se trouve remplacé dans son commandement de l'armée de l'Est par le général Michel.

Le général Cambriels prend congé des troupes placées sous ses ordres en leur adressant la proclamation suivante :

« *Officiers et soldats!*

« Le ministre de la guerre, sur ma demande, a bien voulu me relever de mon commandement. J'ai dû céder à d'impérieuses raisons de santé. Je suis venu au milieu de vous souffrant encore d'une blessure reçue à Sedan, mais résolu à consacrer toutes mes forces à l'accomplissement de la rude tâche que le pays me confiait.

« Des troupes nombreuses pleines d'ardeur et de dévouement, mais disséminées dans la vaste étendue de mon commandement, ne pouvaient tenter que des efforts isolés et sans résultats sérieux.

« Il m'a fallu les appeler à moi pour en former des groupes réguliers et tactiques, et leur donner ainsi cette force de cohésion et de direction commune qui seule constitue une armée et rend alors son action redoutable.

« Aujourd'hui tout est transformé, et c'est avec un sentiment d'orgueil patriotique et de reconnaissance pour vous, que je vois ce que nous avons fait ensemble. Grâce à l'infatigable énergie de vos généraux et des chefs des différents services, la constitution de l'armée de l'Est est achevée. Grâce à l'activité et à la prévoyance du ministre de la guerre, les vêtements, les chaussures qui vous manquaient viennent de vous arriver et vous arrivent à chaque instant. Vous pouvez ainsi attendre de pied ferme les rigueurs de la saison qui s'approche.

« Mais à ces travaux qui ne m'ont laissé ni trêve, ni repos, ma santé s'est épuisée, ma blessure s'est rouverte d'une façon inquiétante. Je suis à bout de forces, et je n'ai plus le droit de conserver plus longtemps un commandement dont je suis responsable envers le pays et envers vous. Il est cruel pour moi de me séparer de vous au moment de recueillir enfin le fruit de nos efforts. Je me consolerai en apprenant vos succès et en apprenant aussi que le sentiment du devoir et de la discipline ne fait que se fortifier dans vos rangs par les épreuves pénibles que vous traversez.

« Ayez confiance dans les chefs que je laisse à votre côté ; ils sont dignes de vous par leur patriotisme, leur courage et la sollicitude paternelle dont ils vous entourent. Ayez confiance aussi dans le courage et l'énergie de la France ; inspirez-vous des souvenirs glorieux du passé. Rappelez-vous, jeunes soldats de notre jeune République, que vous êtes les petits-fils des héros de 92 et que vous combattez pour la même cause contre les mêmes ennemis !

« Le général Crouzat, commandant la 1re division sous Besançon, prendra le commandement supérieur des troupes jusqu'à l'arrivée du général Michel, nommé commandant supérieur de l'Est.

« Je ne vous dis pas adieu, mais au revoir. »

Chapperets, le 28 Octobre 1870.

Le général commandant en chef l'armée de l'Est

(Signé) CAMBRIELS.

Le 6 Novembre, le général Aube, sous les ordres duquel nous nous trouvons momentanément, nous passe en revue.

Le 7, à la pointe du jour, nous nous mettons en marche pour Saint-Fergeux, d'où nous gagnons la grande route de Besançon à Dôle qu'occupe déjà le 32e régiment de marche; arrivés là nous nous arrêtons, puis, au bout d'une demi-heure d'attente, un contre-ordre arrive et nous enjoint de retourner au château de Tillerois.

C'est le 8 seulement que nous quittons Besançon et ses environs pour tout de bon. Nous traversons la ville au petit jour et, nous engageant sur la route de Quingey, nous faisons pour notre première étape le trajet de Besançon à Pointvilliers, assez gros village où nous sommes fort convenablement logés dans des granges.

Il ne se passe ici rien de remarquable, si ce n'est qu'on nous communique un ordre du jour ainsi conçu :

« Le régiment du Haut-Rhin fait partie de la 1re brigade de la 2e division, sous les ordres du général Aube, en compagnie du 3e régiment de zouaves et du 32e régiment de marche. »

9 Novembre 1870. — Nous quittons Pointvilliers, et passant par Mouchard, nous arrivons dans l'après-midi à Villers-Farlay où tout d'abord il est question de nous faire camper, mais où finalement on nous case chez l'habitant.

Ici déjà le service défectueux et la mauvaise organisation de notre intendance militaire commencent à se faire sentir. Il fait nuit close quand on sonne à la distribution, et encore ne nous délivre-t-on pas de pain parce que l'officier de service *ignore où se trouvent les voitures sur lesquelles il a été chargé.*

Cette réponse, faite avec la plus grande indifférence par l'officier d'administration qui est chargé de veiller sur les vivres, mérite d'être signalée, et je me fais un devoir de la consigner dans mes notes.

10 Novembre 1870. — De Villers-Farlay nous nous rendons aujourd'hui au village de Déchaux, où campe toute notre division.

Vers le soir, comme d'habitude, il faut aller de tous côtés à la recherche de l'intendance et des vivres qu'elle doit nous fournir, mais, moins heureux que la veille, nous n'obtenons ici absolument rien et nous rentrons bredouille, ne rapportant au camp qu'une vague promesse de pouvoir toucher dans deux heures ce dont nous avons besoin. A l'heure indiquée, on sonne derechef aux fourriers, je pars avec mes hommes et je reviens au bout de quelque temps mouillé de part en part....., mais sans la moindre ration de quoi que ce soit.

Qui le croirait? A quatre reprises différentes, au milieu de la nuit et par une pluie battante, nous nous rendons, mes collègues et moi, avec de nombreuses corvées, à environ

2 kilomètres du camp pour y chercher des approvisionnements, et chaque fois nous nous en retournons les mains vides, renvoyés par l'administration qui prétend manquer de tout et n'avoir absolument rien à nous donner !

Il nous est impossible de fermer l'œil, et ce n'est qu'à 5 heures du matin qu'on nous délivre enfin nos malheureuses provisions.

Dussé-je vivre cent ans, je me souviendrai toujours de l'affreuse nuit que je viens de passer.

11 Novembre 1870. — L'hiver commence à faire son apparition aujourd'hui, et pendant la plus grande partie de de la journée la neige tombe à gros flocons ; nous atteignons vers le soir la petite ville de Pierre où l'on cantonne notre division aussi commodément que faire se peut. J'occupe avec ma compagnie un hangar attenant à une tuilerie, ouvert à tous les vents, mais où, à l'aide de fascines, de tuiles et de paille, nous nous construisons un réduit assez confortable pour y passer la nuit. Pour comble de bonheur nous avons des vivres ; les distributions sont faites, et de la sorte chacun peut se livrer au repos. Nous profitons de cette heureuse circonstance, mes collègues et moi, pour nous dédommager quelque peu de nos tribulations de la nuit précédente, et, assis autour d'un bon feu, nous procédons à la confection d'un énorme bol de vin chaud. Les demi-quarts, remplis du réconfortant breuvage, ne tardent pas à circuler à la ronde, la liqueur est dégustée avec délice, la gaîté règne dans tous les cœurs, et les quelques moments de bien-être que nous goûtons nous font oublier à tous Villers-Farlay, Déchaux, la pluie, la neige, la faim, le froid et tous les ennuis des derniers jours !.....

12 Novembre 1870. — Nous sommes à peine sortis de Pierre, que le commandement de « Halte ! » retentit d'un bout à l'autre de notre régiment ; les compagnies forment le cercle, et lecture est faite aux troupes d'un ordre du jour du général Crouzat nous annonçant l'heureuse nouvelle de la victoire de Coulmiers et la reprise d'Orléans par les Français après trois jours de combats acharnés.

« Courage, mes amis, dit notre général en chef en terminant son allocution, bon espoir et tâchons de marcher sur les traces glorieuses de nos camarades de l'armée de la Loire ! »

Les cris plusieurs fois répétés de « Vive la France ! » accueillent cette communication, la première de ce genre qui nous soit faite, et tout le régiment ragaillardi, joyeux et content, se remet en marche en entonnant à pleins poumons quelques-uns de ces refrains grivois qui charment les loisirs du troupier en garnison, et dont le rhythme cadencé, correspondant au pas accéléré, éveille l'humeur joviale du militaire en campagne, et sert à lui faire oublier les longueurs et les fatigues de la marche.

Notre brigade fait sa grande halte auprès du village de Ciel et, dans le courant de l'après-midi, nous faisons notre entrée dans la ville de Verdun-sur-Saône, située au confluent du Doubs et de la Saône, dans le département de Saône-et-Loire.

Cet endroit est bondé de troupes faisant partie de l'armée de l'Est, mais appartenant à un corps différent du nôtre ; ce sont des détachements venus d'Arbois, de Poligny et d'autres localités du Doubs et du Jura, qui tous ont été dirigés sur ce point pour s'y joindre, paraît-il, à la division du général Crouzat.

La ville ayant déjà au delà du contingent d'hommes qu'elle est capable de loger, on assigne comme cantonnement à notre régiment le village de Bragny, situé sur la rive droite de la Saône, où nous sommes fort bien reçus par les habitants qui ne nous laissent manquer de rien. Mais nous nous trouvons en vrai pays de Bourgogne, le vin coule à flots, tourne bien des têtes et occasionne malheureusement de regrettables cas d'ivresse.

Surabondance de biens nuit toujours !.....

13 Novembre 1870. — Vers 4 heures du matin, nous sommes réveillés en sursaut ; il faut s'apprêter à la hâte et aller se ranger en bataille sur la route un peu en avant du village ; en moins de rien ce commandement est exécuté et nous restons sous les armes jusqu'au retour des reconnaissances de cavalerie qui reviennent au petit jour avec les nouvelles les plus rassurantes. Nous avons été victimes d'une fausse alerte, et aucun danger n'étant à redouter, ordre nous est donné de rompre les rangs et de retourner dans nos granges.

Dans la soirée, nous abandonnons Bragny pour nous rendre à quelque distance de là, au village de Saint-Gervais, où nous arrivons après une course folle de trois heures par des chemins détestables.

14 Novembre 1870. — Nous ne faisons aujourd'hui qu'une étape insignifiante ; nous nous rendons de Saint-Gervais à Saint-Loup, puis à Chaudeney où nous opérons notre jonction avec des corps tout nouveaux de mobilisés fraîchement arrivés de Villefranche ; ils sont campés au nombre de 5 à 6000, et notre division va prendre position à côté d'eux.

A l'approche de la nuit, tandis que nos généraux s'occupent de cantonner une partie de leur monde, ma compagnie se rend au village d'Ebaty, où elle doit être de grand'garde pendant vingt-quatre heures.

17 Novembre 1870. — Depuis trois jours nous occupons Chaudeney et nous assistons à de continuels passages de troupes et de matériel de guerre, se rendant à Chagny, distant d'environ 5 kilomètres de l'endroit où nous nous trouvons, pour y prendre le chemin de fer et aller rejoindre l'armée de la Loire. Nous-mêmes nous avons été avertis par la voie de l'ordre, de nous tenir prêts à être embarqués d'un instant à l'autre ; notre voyage pédestre dans l'Est est terminé, et il s'agit en ce moment de gagner les rives de la Loire d'une façon plus expéditive.

Le 16 au soir on nous a communiqué l'avis suivant :

« Le régiment du Haut-Rhin fait partie de la 2ᵉ brigade de la 2ᵉ division du 20ᵉ corps composé comme suit :

« 3 bataillons du 3ᵉ régiment de zouaves,

« 2 bataillons de la mobile du Haut-Rhin,

« 1 bataillon de la mobile de la Savoie,

sous les ordres du colonel Vivenot faisant fonctions de général de brigade.

« La 2ᵉ division est commandée par le général Thornton faisant fonctions de général de division.

« Le régiment du Haut-Rhin partira cette nuit pour Chagny, pour y être embarqué en chemin de fer. Les chefs de compagnies devront prendre les dispositions nécessaires pour que l'embarquement se fasse avec ordre et surtout dans le plus grand silence ; on partira la droite en tête.

« Les bataillons seront prêts à prendre les armes une heure après en avoir reçu l'avis.

« On distribuera aux hommes deux jours de vivres de toute nature ; il sera également distribué de la viande fraîche que les hommes auront soin de faire cuire immédiatement avec celle qui peut leur rester. Le bouillon sera bu, et la viande, sur laquelle on aura la précaution de mettre du sel, sera conservée pour être mangée en chemin de fer ».

Nous étions de la sorte prévenus, avertis et instruits de ce que nous avions à faire ; aussi tel que l'a prescrit le général, le bouillon a été bu hier, et ce matin nous partons pour Chagny où nous attendons trois à quatre bonnes heures avant que notre tour de monter dans d'affreux wagons à bestiaux soit enfin arrivé.

L'embarquement s'opère sans la moindre difficulté, et notre train se trouvant au grand complet, nous démarrons lentement, nous quittons Chagny et nous roulons pendant toute la nuit pour ne nous arrêter qu'aux premières lueurs de l'aube naissante, dans un endroit où de tous côtés et aussi loin que les regards peuvent s'étendre, nous voyons briller d'innombrables feux de bivouacs !

CHAPITRE IV.

CAMPAGNE DE LA LOIRE.

20 Novembre 1870. — C'est à Gien, lieu de rendez-vous et centre de formation de l'aile droite de l'armée de la Loire, que nous sommes arrivés il y a deux jours.

La ville et ses environs présentent l'aspect d'un immense camp où journellement il arrive de nouvelles troupes, dont l'ensemble doit se monter aujourd'hui à bien près de 60,000 hommes de toutes armes: turcos, zouaves, mobiles, artillerie, cavalerie, francs-tireurs; il y a de tout ici.

Notre division, en compagnie de bien d'autres encore, a pris position sur la rive gauche de la Loire, aux bords du fleuve. L'occupation journalière et constante de notre régiment consiste à faire l'exercice; on s'applique surtout à nous familiariser avec les feux de peloton et les feux de files, manœuvre trop significative pour que nous ne comprenions pas qu'il faudra sous peu mettre à profit les leçons que nous recevons.

Pour ma part, en qualité de sergent-fourrier, j'ai énormément à faire, et je me vois dans l'impossibilité de me joindre à certains de mes camarades qui utilisent leurs heures de loisir à visiter l'antique et pittoresque cité auprès de laquelle nous sommes campés. En effet, on nous ravitaille complètement, tant en vivres qu'en objets de campement et d'équipement, et comme la plupart des distributions se font à la gare, distante d'au moins trois kilomètres de la place que nous occupons, il s'ensuit que je suis constamment de service, courant tout le jour par monts et par vaux.

La nuit seul apporte quelque trêve à mes occupations, et j'en profite pour me promener dans la vaste étendue du camp qui, le soir surtout, présente un coup d'œil féerique et vraiment grandiose, alors que la plaine s'illumine de mille feux et que, dans toutes les directions, sonnent les clairons, battent les tambours et retentissent les fanfares. Ce spectacle, tout nouveau pour moi, me ravit et me transporte ; ce grand déploiement de forces, cette vie, cette animation, ce mouvement, qui règnent partout, ces troupes qui ne cessent d'arriver et de grossir l'effectif de notre corps d'armée, tout cela me remplit d'une joie ineffable et me donne l'assurance que la France, malgré ses revers, ne manque point de défenseurs pleins de courage et de bonne volonté.

Aujourd'hui dimanche, nous sommes passés en revue par notre ancien colonel, M. Vivenot, passé général de brigade, et par l'ex-commandant de notre 1er bataillon, M. Dumas, placé à la tête de notre régiment avec le grade de colonel. M. Rudelle, capitaine à la 1re compagnie du

4ᵉ bataillon, remplace M. Dumas comme commandant au 1ᵉʳ bataillon.

22 Novembre 1870. — La journée d'hier a été signalée par le départ de plusieurs divisions, nos voisines qui, traversant le pont de Gien, ont gagné la rive droite du fleuve et, tournant le dos à la ville, se sont dirigées vers le Nord-Ouest.

Notre brigade lève le camp aujourd'hui et s'ébranle à son tour dans la direction suivie la veille et les jours précédents par les divers corps qui se sont mis en route. Il tombe de l'eau tout le jour, et nous marchons sans discontinuer et sans faire la moindre halte jusqu'au village de Bonnée, où nous arrivons vers les 6 ou 7 heures du soir dans le plus grand désordre, par suite des tours et des détours qu'on a fait prendre à notre colonne et du manque de précision dans les divers commandements.

L'obscurité la plus profonde règne autour de nous, et grand est notre désappointement en apprenant qu'il nous va falloir camper dans la boue. Nous nous résignons d'assez mauvaise grâce à notre triste sort et, nos positions une fois prises, chacun se met en devoir de monter sa tente, puis de faire bouillir sa soupe.

23 Novembre 1870. — De bon matin le régiment est sous les armes, mais le départ ayant été contremandé et ne devant s'effectuer que dans quelques heures, nous avons le loisir de nous confectionner un excellent déjeuner. Sur ces entrefaites, on sonne aux fourriers, qui se rendent immédiatement auprès du colonel, pour recevoir communication de l'ordre du jour suivant :

ARMÉE DE LA LOIRE
20ᵉ Corps

« *Officiers, sous-officiers et soldats du 20ᵉ Corps !*

« Les jours de bataille sont proches ; préparez vos armes et vos courages. C'est la lutte suprême que vous allez soutenir, et il faut vaincre ! Depuis quatre mois, notre pays ravagé, écrasé, foulé aux pieds par un ennemi insolent et avide, crie vengeance et délivrance : c'est à nous, ses enfants et ses soldats, à le venger et à le délivrer !

« Vive la France ! mes camarades, la France grande, libre, glorieuse, immortelle comme la victoire ».

Fait au grand quartier général.

Gien, le 22 Novembre 1870.

(Signé) CROUZAT.

Cette proclamation ne nous laisse plus aucun doute sur la nature du mouvement que nous opérons ; l'ennemi est près de nous, chaque pas que nous faisons nous en rapproche davantage, et sous peu la lutte va commencer.

Nous quittons Bonnée vers midi et nous allons camper le même soir auprès du bourg de Châtenoy, où nous ne sommes pas trop mal à l'aise.

24 Novembre 1870. — Il n'est bruit dans le village, ce matin, que de la capture de deux ou trois Prussiens qui sont tombés entre les mains de nos éclaireurs ; chacun veut les voir, et il finirait certainement par s'établir une sorte de pèlerinage du camp à la maison où sont détenus les prisonniers, si des événements plus sérieux et plus graves ne venaient tout à coup éveiller l'attention de tout le monde et hâter les préparatifs du départ.

On entend gronder le canon dans le lointain, indistinctement et à de rares intervalles il est vrai, mais enfin il n'y a pas à s'y méprendre : c'est bien le bruit sourd produit par la détonation d'une pièce d'artillerie ; on se bat non loin de l'endroit où nous nous trouvons.

A la hâte nous levons le camp, et nous arpentons au pas accéléré la route qui, de Châtenoy, conduit à Bellegarde. Plus nous avançons, plus les coups de feu deviennent distincts et fréquents, et l'approche du combat enflammant notre ardeur, nous ne marchons plus, nous courons jusqu'à ce que nous ayons atteint la petite ville de Bellegarde, au sortir de laquelle on nous fait faire une halte. Comme par enchantement, au moment où nous nous arrêtons, les détonations deviennent de moins en moins perceptibles, et se perdent peu à peu, pour faire place finalement à un silence complet. Nous mettons à profit ce moment de calme pour casser une croûte et reprendre haleine ; mais un quart d'heure s'est à peine écoulé depuis que nous sommes assis au bord de la route, que la fusillade recommence de plus belle, et cela tout près de nous ; il peut être environ 10 heures.

Vite, notre colonne se reforme et se porte en avant. Au moment où nous nous élançons à travers les terres labourées pour gagner les positions qui nous sont assignées, le général Vivenot nous adresse d'une voix ferme ces simples mots :

« Courage ! mes amis, et souvenez-vous que nous voulons rester Français ! »

Nous lui répondons par le chant des Girondins, *Mourir pour la patrie,* et, enfonçant dans la crotte jusqu'à mi-jambe, nous exécutons les diverses manœuvres nécessitées par les circonstances. Arrivés au village de Quiers, nous faisons une nouvelle halte ; le canon gronde toujours, mais avec moins de force que tout à l'heure ; la fusillade également a diminué d'intensité et se perd progressivement.

Nous tirons de ces symptômes la conséquence toute naturelle que le combat a tourné à notre avantage, et nous sommes encores fortifiés dans notre croyance par un ordre émané du général en chef, nous enjoignant de rester là où nous sommes jusqu'à avis contraire de sa part.

Dans le courant de l'après-midi, le régiment quitte Quiers pour se porter en bataille à droite de la route, derrière un petit bois ; en ce moment, l'engagement semble complètement terminé ; on n'entend plus le moindre bruit, et le colonel s'apprête même à envoyer des hommes de corvée au village pour y chercher des vivres, lorsque tout à coup et à l'étonnement général une fusillade des plus vives éclate sur notre droite, à côté de nous pour ainsi dire.

L'ordre de nous tenir prêts à marcher arrive aussitôt ; on charge les armes ; les 5e, 6e et 7e compagnies de notre bataillon sont déployées en tirailleurs dans le bois, et le reste du régiment en ligne de bataille s'élance en avant.

« Soyez sans crainte, mes enfants », nous dit le colonel Dumas, en se mettant à notre tête, « ayez confiance dans le chef qui vous dirige, et qui, je vous le jure, n'a pas froid aux yeux ! »

« Courage et vive la France ! » s'écrie à son tour notre chef de bataillon Dollfus-Galline, en nous excitant de la voix et du geste.

« Vive la France ! » répétons-nous à l'unisson, et quoiqu'au fond chacun de nous sente dans sa poitrine son cœur battre à se rompre, nous nous portons en avant avec un élan irrésistible et un ensemble parfait.

Nous arrivons juste à point pour ranimer l'ardeur du bataillon de mobiles de la Savoie qui, attaqué à l'improviste, opère sa retraite lentement et avec beaucoup d'ordre. C'est un des rares corps de notre armée qui ait un drapeau, et c'est avec un sentiment d'orgueil et de satisfaction que je contemple ces braves mobiles marchant à reculons tout en faisant le coup de feu, et se serrant, se pressant, se cramponnant en quelque sorte autour de leur étendard chéri, de ce signe de ralliement qui leur rappelle à la fois honneur, patrie et devoir, et pour la défense duquel ils sont tous prêts à sacrifier leur vie !

A notre approche, les Savoisiens reprennent l'offensive, et l'ennemi, qui ne s'estime probablement pas de force à résister au choc de toute notre division qui s'ébranle, juge prudent de battre en retraite du côté de Saint-Loup-des-Vignes et de Boiscommun, mais non sans essuyer au passage le feu bien nourri de nos tirailleurs qui, postés à peu de distance de la route, leur envoient force *pruneaux*.

Le dernier coup de fusil est tiré au moment où le soleil disparaît à l'horizon, et vers 4 heures du soir toute notre brigade occupe la route que les Prussiens ont si chaudement défendue dans la matinée. Le général Thornton passe en ce moment devant nos lignes, et tout en nous annonçant l'heureuse issue du combat, profite de la circonstance pour nous féliciter sur la manière dont nous nous sommes conduits au feu.

La nuit venue, les troupes campent sur les positions qu'elles ont conquises ; notre régiment retourne par conséquent auprès de Quiers et s'y établit. Bientôt les tentes se dressent et les cuisines commencent à fonctionner; rangés en cercle autour des feux de bivouac, les hommes s'entretiennent des émotions de la journée, et se félicitent d'avoir débuté dans la carrière des armes par un combat heureux. La joie est empreinte sur tous les visages; partout ce ne sont que gais propos et francs éclats de rire, et quoiqu'il faille se coucher dans la vase sans paille, personne ne profère la moindre plainte. Décidément, la victoire est une belle chose!.....

26 Novembre 1870. Nous sommes toujours à Quiers. Dès hier, on nous a communiqué l'ordre suivant :

ARMÉE DE LA LOIRE

20e Corps   « *Officiers, sous-officiers et soldats!*

« Dans les combats d'hier, vous avez été admirables d'élan et de courage. Recevez mes félicitations, mes camarades; vous vous êtes battus comme de vieux soldats. Continuez ainsi, et notre patrie envahie sera sauvée et triomphante.

« Vive à jamais notre patrie bien-aimée !

« Je me plais à citer comme s'étant particulièrement distingués :

« Les bataillons du Haut-Rhin, qui se sont jetés sur l'ennemi avec un entrain au-dessus de tout éloge;

« Le 1er bataillon de la Loire, qui n'a quitté le feu qu'après avoir brûlé sa dernière cartouche;

« Le bataillon du 44e de ligne, du commandant Canise, dont l'acharnement à soutenir la lutte a été extrême;

« Le 2e régiment de lanciers de marche, qui a chargé et renversé les escadrons ennemis avec la plus grande bravoure ;

« Les francs-tireurs alsaciens et deux compagnies de la mobile de la Corse.

« Vive la France ! mes amis, bientôt nous recommencerons ! »

Au quartier général.

Bellegarde, le 25 Novembre 1870.

(Signé) Crouzat.

Quelques fiers que nous soyons de la distinction dont a bien voulu nous honorer le général en chef, en nous citant en première ligne à l'ordre du jour de l'armée, nous ne nous faisons cependant pas trop d'illusion au sujet de notre engagement d'il y a deux jours qui, après tout, n'a été qu'une canonnade un peu vive, un de ces faits d'armes sans grande importance, et qui ne sont d'ordinaire que le prélude d'une attaque plus sérieuse.

Il résulte de certains renseignements que j'ai été à même de me procurer sur cette affaire que, dans la matinée du 24, quelques détachements du 18ᵉ corps français partis de Bellegarde avaient rencontré, auprès de Ladon, les premières colonnes ennemies ; le combat s'était aussitôt engagé, et au bout de quelques heures nos troupes victorieuses avaient repoussé les bataillons allemands du côté de Quiers, où se trouvait établi le 20ᵉ corps qui, les accueillant comme je l'ai raconté en temps et lieu, les força à précipiter leur marche rétrograde et à se retirer jusqu'aux environs de Beaune-la-Rolande.

C'est là, auprès de Beaune, où, suivant les dires des paysans, sont fortement retranchés une trentaine de mille hommes appartenant à l'armée du prince Frédéric-Charles, dont le quartier général est à Pithiviers, et qui a ses divers corps échelonnés entre cette dernière ville et Montargis, que paraît devoir se livrer prochainement une grande bataille.

Le plan du général prussien, avec lequel nous allons en venir aux mains, est des plus simples ; il s'agit pour lui de nous battre et de nous rejeter sur Bellegarde et Gien, puis, n'ayant momentanément plus rien à redouter de notre part, de nous inquiéter constamment par quelques faibles détachements de cavalerie et de se porter sans retard, avec le gros de son armée, au secours du général von der Tann pour attaquer alors, avec l'ensemble des troupes prussiennes (120,000 hommes environ) l'armée de la Loire qui, sous le commandement supérieur du général d'Aurelle de Paladines, occupe diverses positions entre Orléans, Arthenay et Neuville-aux-Bois.

Notre plan, à nous, si mon jugement ne me fait pas défaut, doit consister à nous emparer, coûte que coûte, de Beaune-la-Rolande, qui commande la route mettant Montargis en communication avec Pithiviers, et par laquelle sont forcées de passer les troupes qui, arrivant de l'Est, viennent constamment renforcer le corps d'armée du prince Frédéric-Charles. Une fois maîtres de cette position importante, et l'armée prussienne refoulée sur Pithiviers, nous l'isolons en la privant des nombreux secours qui lui sont destinés, et que nous arrêtons auprès de Montargis ; puis nous opérons facilement notre jonction avec le 15e corps français, campé aux environs de Chilleurs-aux-Bois. L'armée de la Loire ainsi réunie, et les différents corps qui la composent se donnant la main sans solution de continuité, rien ne s'oppose à ce qu'on marche résolûment à l'ennemi pour lui livrer une grande bataille, qui décidera probablement du sort de notre malheureux pays.

Si dans cette rencontre qui sera terrible, nos armes sont heureuses, la France est presque sauvée, car une bonne victoire auprès de Pithiviers met les 250,000 hommes de l'armée de la Loire à vingt lieues de Paris, jette l'effroi dans l'armée assiégeante, ranime l'ardeur et le courage des assiégés, et ne peut manquer d'amener un revirement complet dans l'ordre actuel des choses.

Puisse le dieu des batailles, pour cette fois au moins, faire peser la balance de notre côté !.....

27 Novembre 1870. — On nous fait aujourd'hui des distributions de toute sorte et surtout de cartouches, avec la recommandation de nous tenir prêts à lever le camp demain dès la pointe du jour ; le bouillon sera bu le matin et la viande conservée dans le bissac, afin d'avoir un morceau à mettre sous la dent dans le cas où, ajoute le rapport, « on devrait rencontrer l'ennemi et qu'il fallût se battre. »

Pour qui sait ce que parler veut dire, l'avis qu'on nous donne en passant est assez clair ; on se battra demain, et probablement que l'affaire sera chaude.

C'est ce que mes collègues de la compagnie et moi nous devinons parfaitement, mais sans pour cela nous en émouvoir le moins du monde ; il fait d'ailleurs si bon auprès du feu autour duquel nous sommes accroupis, un si agréable fumet s'échappe de notre marmite entre-ouverte, où cuit lentement une poule au riz, nous nous trouvons en un mot de si agréable humeur, que nous ne songeons aucunement aux dangers que peut nous réserver la journée de demain ; s'il faut se battre, on se battra, et puisque combat il doit forcément y avoir, mieux vaut marcher au feu tout de suite que de trop longtemps attendre et de laisser échapper le moment favorable.

« A nos succès et au relèvement de la patrie ! » s'écrie le sergent-major M...., au moment où nous nous mettons en devoir de rentrer sous la tente. Nos demi-quarts s'entrechoquent une dernière fois, nous buvons notre dernière goutte de vin à la santé de la France, et, le sourire aux lèvres, le cœur content et confiants dans notre bonne étoile, nous allons nous jeter dans les bras du divin Morphée !...

28 Novembre 1870. — Nous plions bagage à la clarté des feux, et au moment où le soleil se lève et projette sur la terre une pâle et diffuse lueur, le régiment s'ébranle.

Nous marchons à travers des champs boueux, où nous enfonçons jusqu'à mi-jambe dans une argile vaseuse et tenace, d'où nous avons toutes les peines du monde à nous dépêtrer ; nous avançons néanmoins, mais très lentement, et nous suivant l'un l'autre à la file indienne pendant près d'une bonne heure. Nous atteignons enfin une route où, tandis qu'on s'arrête pour reformer la colonne, nous entendons très distinctement gronder le canon.

La *petite danse* est entamée sur notre droite, et à en juger par la musique qui va bon train, ce prélude si matinal n'annonce rien de bon, et nous porte à supposer qu'il faudra faire usage de nos armes plus tôt que nous ne nous y attendons.

Vers 10 heures, notre brigade arrive auprès du village de

Saint-Michel, d'où nous apercevons la petite ville de Beaune enveloppée déjà d'un épais nuage de fumée ; autant qu'il nous est permis d'en juger du point où nous nous trouvons, l'attaque paraît très vive ; les batteries prussiennes qui occupent le haut de la ville entretiennent avec les nôtres, qui se trouvent dans le village de Saint-Loup-des-Vignes, un feu croisé des plus nourris, tandis que la fusillade retentit de tous les côtés à la fois.

Nous nous arrêtons un instant ; puis ordre nous est donné de charger nos armes et de nous porter en avant aussitôt que se seront mises en mouvement les pièces d'artillerie qui nous accompagnent, et que les 6e et 7e compagnies de notre bataillon ont mission d'escorter. Les bouches à feu en question ne tardent pas à s'éloigner au grand trot, et à notre tour nous nous mettons en marche.

Nous avançons par division en ligne, et nous nous dirigeons droit sur Beaune, à travers les vignes et les terres labourées, lorsqu'au bout d'une demi-heure environ, arrivés dans un verger qui nous dissimule encore aux regards de l'ennemi, nous faisons halte pour reprendre haleine. Nous repartons presqu'aussitôt et nous finissons par déboucher en rase campagne, à 500 mètres au plus des premières maisons de la ville.

Les balles commencent à siffler et les obus éclatent tout près de nous ; le moment est venu de vendre chèrement sa vie.

Au même instant, le général Thornton s'élance à notre tête, criant :

« En avant, mes enfants, et vive la France ! »

De toutes nos poitrines un vivat en l'honneur de la patrie

répond à celui qu'a poussé le général, et notre régiment se porte en avant au pas de course et aux sons de la *Marseillaise,* qu'exécute notre fanfare.

De prime-abord, il se manifeste dans nos rangs un semblant de désarroi provenant d'un malentendu qui nous fait prendre pour des Français les Prussiens qui nous tirent dessus; les cris de « Cessez le feu » se font même entendre; mais à la vue de nos hommes qui commencent à tomber et des casques à pointes qui, retranchés derrière les murailles des maisons, nous criblent de leurs projectiles, nous revenons à d'autres sentiments et nous rouvrons le feu. Nous sommes tout à fait à découvert, et il nous faut essuyer à la fois et les décharges de l'ennemi qui occupe les fermes en avant de Beaune, dont notre but est de le déloger, et l'artillerie de la place qui nous prend en flanc et nous envoie force obus et mitraille.

Nous avançons toujours, mais non pas sans sacrifices. Sous la pluie de fer qui nous accable, les camarades tombent, les uns pour ne plus se relever, les autres, affreusement mutilés et mêlant leurs gémissements aux *Hourrah!* aux *En avant!* aux cris de toute sorte qu'on pousse sur un champ de bataille pour animer, diriger et encourager les soldats. Le sergent M..., mon compagnon de bonne et de mauvaise fortune depuis trois mois, et dont hier encore j'ai contemplé sous la tente le doux et profond sommeil, vient d'avoir à mes côtés le bras traversé par une balle; un autre homme de ma compagnie, marié et père de famille, s'apprête à décharger son arme, lorsque tout à coup il s'abat dans un sillon en étouffant un cri de douleur : une balle lui a fracassé le pied; un autre, adossé contre un arbre, contemple avec des larmes dans les yeux sa main horriblement mutilée, tandis qu'à droite et à gauche on aperçoit des malheureux tomber sur le sol comme foudroyés, pousser quelques cris stridents ou rauques, se tordre dans deux ou trois convulsions suprêmes, puis rester immobiles pour toujours !

Je regarde toutes ces choses, je les vois, je les comprends, mais, il faut l'avouer, je les contemple d'un œil relativement calme : je n'ai plus connaissance de moi-même, j'avance comme mû par un ressort tout-puissant ; j'excite mes hommes, je cherche à les maintenir autant que possible à leurs rangs et, m'arrêtant à de fréquents intervalles, j'épaule machinalement mon arme et j'envoie une balle dans la direction des fermes qu'occupe l'ennemi, et dont nous nous rapprochons sensiblement, à vue d'œil pour ainsi dire.

Nous combattons depuis une bonne demi-heure déjà, lorsque le feu, devenant de plus en plus vif et nourri du côté des Allemands qui occupent Beaune, une transformation s'opère sur notre front de bataille. Le 1er bataillon de notre régiment, qui jusqu'à présent s'est tenu en ligne avec nous, fait oblique à gauche et s'avance du côté de la ville, tandis que notre 4e bataillon, se dirigeant d'abord sur la droite et alors droit devant soi, continue à attaquer les fermes situées sur la route de Saint-Loup-des-Vignes.

Cependant l'ennemi, qui a fait du clocher de l'église de Beaune un observatoire d'où rien ne peut échapper à sa vue, n'a pas plus tôt aperçu notre mouvement dans lequel nous sommes secondés par un bataillon de la mobile des Deux-Sèvres, qu'il se met en devoir de nous empêcher d'aller déloger ses postes avancés, et à cet effet il dirige sur nous un feu roulant d'artillerie. La distance qui nous sépare en ce moment du but à atteindre n'est plus que de deux à trois cents mètres, et nous échangeons force coups de feu avec les tirailleurs prussiens, tandis que les obus, se succédant presque sans interruption, viennent tomber dans nos rangs et y semer à la fois l'épouvante, le désordre et la mort.

Un projectile, qui me rase la tête, éclate à dix pas de moi sous le ventre du cheval de notre adjudant-major; la pauvre bête tombe lourdement sur le flanc, sans pousser le moindre cri, et le cavalier en est heureusement quitte pour la peur. Il n'en est pas de même de trois ou quatre malheureux soldats qui, atteints par des éclats de mitraille, gisent sur le sol baignés dans leur sang; parmi eux un de mes hommes, grand et solide gaillard, excellent sujet; je viens de le voir étendre les bras, tomber à la renverse et rester immobile; je m'approche, et au seul aspect de l'affreuse blessure qu'il a reçue et qu'il lui a brisé la poitrine, j'acquiers la certitude que pour lui tout est fini; le brave jeune homme a payé sa dette à la patrie; il est mort en cherchant à la défendre!...

Notre situation est des plus critiques; la moindre hésitation, une panique quelconque, un mouvement de recul quel qu'il soit, peut nous mettre dans le plus grand danger et nous perdre sans retour. Il n'y a, pour sauver l'honneur et la vie du bataillon, qu'un seul parti à prendre, c'est de déployer les hommes en tirailleurs pour offrir moins de prise aux obus, et de marcher bravement à l'assaut de la position que nous avons ordre d'enlever.

Notre commandant, comprenant toute l'importance qu'il y a de ne pas laisser faiblir dans un moment pareil le courage de ses troupes, jeunes, non aguerries, voyant sérieusement le feu pour la première fois, cherche à prendre les mesures nécessaires pour maintenir le moral des soldats et les pousser en avant. Puissamment secondé dans cette tentative par le capitaine Kaltenbach, de la 3e compagnie, qui jadis a servi dans l'armée d'Afrique et qui se moque du danger, le commandant Dollfus s'élance à notre tête, ranime notre ardeur, nous ordonne de nous déployer en tirailleurs et nous fait marcher résolûment à l'ennemi. Ce mouvement s'exécute rapidement, avec beaucoup d'entrain et, le capitaine Kaltenbach toujours en première ligne, nous arrivons enfin aux fermes, haletants, soufflants, rendus, mais maîtres des positions d'où nous avons chassé les avant-postes allemands, qui se replient sur Beaune, ne laissant entre nos mains que quelques prisonniers et un certain nombre de blessés.

Il peut être environ 1 heure de l'après-midi.

Tandis que le bataillon, abrité derrière les maisons, reprend haleine et reforme ses rangs, nous voyons passer auprès de nous, s'avançant au pas de course et dans un ordre parfait, le 3e régiment de zouaves.

Quoique ce régiment, décimé à Frœschwiller et ensuite à Sedan, soit composé en grande partie de jeunes recrues arrivées des dépôts d'Afrique après nos premiers revers, il n'en est pas moins de beaucoup supérieur à nos corps de mobiles, et cela par la simple raison que ses cadres sont entièrement composés d'anciens officiers et sous-officiers, connaissant le service de longue date, et qui, à l'encontre de nos chefs, savent tirer parti de leurs hommes et les plier aux exigences du métier. Non pas qu'il règne parmi les zouaves une grande discipline, tant s'en faut ! Le souffle pernicieux qui s'est répandu par toute l'armée, et qui lui a été si funeste, les a gagnés aussi bien que tant d'autres, et souvent, pendant le cours de la campagne, j'ai été témoin de faits d'insubordination bien graves de leur part ; mais maintenant que je les vois s'élancer au feu, de gaîté de cœur pour ainsi dire, avec un sang-froid, un courage, une bravoure au-dessus de tout éloge, je ne puis me lasser d'admirer ces faces bronzées, où se trouvent vraiment empreints le sentiment du devoir et le mépris de la mort, et j'oublie aisément toutes les fautes que ces hommes ont pu commettre, pour ne saluer en eux que des braves qui, selon l'expression consacrée, vont, comme il y a quatre-vingts ans nos pères, vaincre ou mourir pour sauver la patrie !.....

Un repli de terrain nous empêche bientôt de suivre du regard la marche progressive du valeureux 3ᵉ zouaves ; mais la fusillade qui ne tarde pas à retentir, et la charge que sonnent tous les clairons du régiment, nous annoncent que l'action est commencée sur notre droite, et que nos camarades se sont mis à l'œuvre.

Sur ces entrefaites, nous voyons arriver le général Thornton à la tête du bataillon des mobiles des Deux-Sèvres, qu'il lance à la suite des zouaves droit sur Beaune ; puis, s'adressant à nous :

« Allons, mes enfants, » nous dit-il, « du courage et en avant ; il faut nous chercher des lits dans Beaune pour ce soir ! »

« Vive la France et vive le général ! » telle est la réponse du bataillon, qui s'ébranle à la suite des mobiles des Deux-Sèvres.

Déjà, sans même entrevoir l'ennemi, nous entendons les

balles siffler à nos oreilles, et lorsque nous arrivons au sommet d'une petite éminence surplombant la ville, nous sommes assaillis par une fusillade tellement vive qu'il nous est impossible d'avancer; force nous est de rester momentanément stationnaires et d'ouvrir le feu en profitant pour nous abriter tant bien que mal des moindres accidents de terrain. Les Prussiens sont en face de nous, invisibles et retranchés dans les maisons et derrière le vieux mur d'enceinte de Beaune, qu'ils ont garni de meurtrières; leurs lignes s'étendent également en dehors de la ville, le long de la route de Montargis à Pithiviers, dont ils occupent les fossés, et d'où nous cherchons, mais en vain, à les déloger.

A travers une grêle de projectiles qui tombent dans nos rangs et ne laissent pas que de les éclaircir, nous atteignons péniblement deux fermes et un moulin à vent situés à cent mètres au plus des premières maisons de Beaune; le bataillon des Deux-Sèvres nous a devancés de quelques instants dans l'occupation de ce poste, mais non sans avoir été rudement éprouvé; l'espace de terrain qui s'étend entre les deux bâtisses et le moulin est littéralement balayé par des décharges continuelles, et le sol est couvert de cadavres. En rase campagne, la lutte est insoutenable, les feux de pelotons impossibles, et à moins qu'on ne veuille nous sacrifier inutilement, l'assaut, vu notre petit nombre, n'est pas praticable; il ne nous reste qu'à nous barricader dans les fermes pour tirailler de là contre l'ennemi, de façon à conserver nos positions jusqu'à l'arrivée des renforts qui, nous l'espérons, seront envoyés à notre aide dans le courant de l'après-midi.

Tandis que nous nous défendons de notre mieux, l'artillerie, qui jusqu'à présent n'a que faiblement soutenu l'attaque de notre côté, se décide à nous seconder vigoureusement, et une nouvelle batterie établie auprès de Saint-Loup dirige son tir sur Beaune.

C'est un nouveau corps d'armée qui vient à notre secours, pensons-nous, en entendant siffler les obus français au-dessus de nos têtes, et l'apparition au milieu de nous d'un colonel d'artillerie suivi de deux mitrailleuses, vient pour un instant nous affermir dans cette croyance.

Vain espoir, hélas! Les mitrailleuses, après avoir vomi dans les rangs ennemis deux ou trois volées de plomb et de fer qui y causent d'assez grands ravages, tournent bride et s'éloignent dans une autre direction ; personne ne les remplace, et nous ne voyons arriver vers nous qu'un bataillon de mobiles qui, nous prenant sans doute pour des Prussiens, s'amusent à nous canarder par derrière. Cette méprise pourrait avoir pour nous les conséquences les plus funestes sans la présence d'esprit et le courage téméraire du capitaine Kaltenbach qui, s'élançant à cheval et bravant le feu croisé des Prussiens et des Français, court avertir nos compatriotes de leur erreur, parvient à faire cesser leur feu, et nous délivre ainsi de l'affreuse perspective de servir par derrière de point de mire aux balles françaises, tandis qu'en face nous avons assez à souffrir des décharges meurtrières de l'ennemi.

Il peut être 4 heures, et l'on continue à se battre avec acharnement sur une ligne de plusieurs kilomètres, quand tout à coup nous entendons sur notre droite de nombreuses détonations qui, lointaines d'abord, semblent se rapprocher et deviennent de plus en plus distinctes ; au même instant le clairon des zouaves se met à sonner la charge, la fusillade augmente d'intensité, le combat paraît devoir recommencer avec une nouvelle ardeur, nous ne doutons plus qu'il nous soit arrivé du secours, et reprenant une forte dose de courage, nous nous portons derechef en avant. Mais il faut bientôt nous arrêter devant le feu d'enfer auquel nous sommes en butte, et qui, dans un court espace de temps, met hors de combat bon nombre d'hommes de notre bataillon et de celui des Deux-Sèvres. Notre adjudant Rongier, entre autres, un brave qui a fait jadis les campagnes de Chine et de Chochinchine, et qui depuis le commencement de la journée n'a cessé d'occuper les postes les plus dangereux, vient d'avoir le tibia fracassé par une balle. Le malheureux garçon, marié depuis un an à peine, père d'un enfant de deux mois, ne profère pas la moindre plainte ; il croit sa blessure légère, se félicite d'en être quitte à si bon compte, et conserve le plus grand sang-froid tout en entourant son affreuse plaie d'un lambeau de mouchoir [1].

Acculés comme nous le sommes, sans espoir de pouvoir gagner du terrain à moins d'être renforcés, nous attendons avec anxiété les secours qui nous sont indispensables, et que nous comptons voir arriver à tout moment. Il ne vient rien malheureusement ; sur notre droite tout est rentré dans le calme, et c'est sur la gauche maintenant que la musique,

---

[1] Le malheureux Rongier, que je vis au moment où nous dûmes l'abandonner dans les fermes près de Beaune le soir de la bataille, espérait entrer bien vite en convalescence et obtenir la permission de se rendre à Mulhouse, afin d'y achever sa guérison au sein de sa petite famille.

Il n'en devait pas être ainsi, hélas ! L'infortuné jeune homme, transporté à l'ambulance de Pithiviers, y mourut en juin 1871, après sept mois d'horribles souffrances.

dominée par la voie puissante du canon, recommence plus fort que jamais.

Seraient-ce quelques divisions du 15ᵉ corps français établi auprès de Chilleurs ou de Neuville, qui, attirées par le bruit de la bataille, seraient accourues à nous pour nous prêter main-forte et nous permettre ainsi de remporter avec leur précieux concours une brillante victoire ?.....

Hélas non ! ce sont des Prussiens venus tout frais de Pithiviers que nous voyons se masser en colonne sur la route et fondre sur l'aile gauche de notre malheureux 20ᵉ corps, si rudement éprouvé déjà.....

L'illusion n'est plus possible ; en présence de l'abandon complet dans lequel on nous laisse et des forces toujours croissantes qui arrivent à l'ennemi, toute chance de succès pour nos armes semble évanouie ; le rôle de notre régiment, voire même de toute notre brigade, doit se borner désormais à défendre jusqu'à la mort les positions que nous occupons depuis si longtemps, à quelques pas seulement du but tant désiré, vers lequel convergent tous nos efforts et que nous ne pouvons atteindre !.....

Il est près de 5 heures ; les ténèbres commencent à envahir la plaine et partout le combat approche graduellement de sa fin ; tout autour de nous retentissent les clairons, sonnant les uns à pleins poumons une charge désespérée, un dernier coup de collier ; d'autres, d'un souffle moins vigoureux, d'une haleine presque éteinte, faisant sortir de leur instrument le lugubre signal de la retraite. Les batteries d'artillerie sont devenues muettes, tandis que sur notre gauche les obus prussiens sillonnent l'air, paraissant répondre à de fréquents coups de feu qu'on perçoit dans cette direction. Avec la nuit qui vient nous envelopper de son ombre, le calme et le silence se font là où tout à l'heure encore dominait la voix du canon et les clameurs confuses de 70 à 80.000 combattants, s'entretuant avec une rage indescriptible.

Rassemblés autour du commandant Dollfus et du colonel Dumas, les débris de notre 4e bataillon attendent sur les positions qu'ils ont conquises les ordres de leurs supérieurs. Chose étrange, inouïe et presque impossible à croire : depuis 1 heure de l'après-midi, nous sommes sans nouvelles du général de brigade aussi bien que du général de division, et nous ne savons à la vérité à qui, des Prussiens ou des nôtres, reviennent l'honneur et l'avantage de la journée. Quel parti prendre dans de telles circonstances ? La bataille est-elle terminée ou recommencera-t-elle demain ?

Pour nous, nous avons la conviction que l'engagement n'a pas été décisif, car en ce moment, et sans être inquiété, notre bataillon se trouve à une portée de pistolet au plus des lignes ennemies, et les zouaves, pas plus que nous, n'ont abandonné leur poste de combat.

« Il est hors de doute que l'on recommencera l'attaque demain », nous dit le commandant Dollfus », nous n'avons pas reçu l'ordre de nous replier, il faut donc rester ici et occuper militairement les fermes et le moulin à vent. »

Tandis que l'on se met en mesure d'entourer d'un cordon de sentinelles les différentes habitations où nous allons nous établir pour la nuit, nous voyons arriver vers nous en courant un sergent du 1er bataillon.

« Le 1er bataillon du Haut-Rhin est dans Beaune, mon

colonel ! » s'écrie-t-il ; « les Prussiens ont abandonné la ville, et ce sont nos troupes qui s'y trouvent ! »

Dès l'abord, personne ne veut ajouter foi aux assertions du sergent; mais ce dernier insiste tellement, prétendant avoir vu lui-même nos soldats entrer dans la ville, qu'à la fin le colonel se laisse convaincre et prend la résolution de pousser une reconnaissance jusqu'aux premières maisons de Beaune; on forme en colonne ce qui reste de notre bataillon et de celui des Deux-Sèvres, qui a combattu auprès de nous tout le jour, puis on se porte doucement en avant.

Il fait nuit noire; nous avançons dans le plus grand silence et, à la lueur de l'incendie qui dévore la ville, nous en apercevons distinctement les maisons les plus proches, et dont nous ne sommes éloignés que de 60 à 70 mètres. Rien ne bouge autour de nous, quelques pas à peine nous séparent du but à atteindre, et tout semble confirmer le dire du sous-officier qui nous sert de guide, lorsque droit devant nous part subitement un coup de fusil. Aussitôt le commandement de *Platon, Feuer!* se fait entendre, poussé par une voix de stentor; les ténèbres s'illuminent, et nous essuyons la plus belle décharge qu'on se puisse imaginer.

« Ventre à terre! mes enfants! », nous dit le commandant; « couchez-vous, ne ripostez pas, et rampez prudemment en arrière ! »

Cette injonction est ponctuellement suivie, et bien nous en prend ; pendant quelques minutes l'ennemi nous gratifie d'une grêle de balles que nous entendons siffler très près de nos oreilles, mais personne ne bougeant, le tir des Prussiens ne tarde pas à cesser. Nous en profitons pour nous relever et battre précipitamment en retraite, à l'exception d'un malheureux mobile des Deux-Sèvres qui, atteint d'un projectile dans le ventre, remplit l'air de ses cris et de ses gémissements.

De retour à nos fermes, et suffisamment renseignés sur l'exactitude du rapport de notre fameux sergent qui, tout penaud, ne sait quelle contenance prendre, nos chefs jugent prudent, vu le manque absolu de nouvelles dans lequel nous nous trouvons, de s'en tenir à leur première idée, c'est-à-dire d'occuper nos postes de combat jusqu'à demain, à moins d'avis contraire du quartier général.

Tandis que le commandant procède à l'installation des grand'gardes, et prend toutes les dispositions nécessaires pour éviter une surprise pendant la nuit, le colonel pique des deux du côté de Saint-Loup, afin d'y chercher quelques renseignements sur notre situation et, si possible, des ordres pour son régiment. Il ne tarde pas à revenir, et les nouvelles qu'il rapporte ne nous laissent, hélas ! plus aucun doute sur la malheureuse issue de la bataille ; nos troupes ont été repoussées, l'armée française a battu en retraite, et seuls, pour ainsi dire, nous nous trouvons encore à pareille heure en face de l'ennemi, sur le lieu même du combat ! [1]

Le colonel a ordre de se replier immédiatement avec ce qui lui reste de monde ; on rassemble par conséquent les différents postes, on se groupe, et finalement on part !.....

Il faut avoir passé soi-même par toutes les péripéties d'un

---

[1] Voir à la fin du volume, dans les notes, le récit qu'a fait le général Aube de l'affaire de Beaune ; on y remarquera que d'autres brigades que la nôtre se trouvaient comme nous abandonnées sur le champ de bataille; sans instructions, jusqu'à une heure fort avancée de la nuit.

combat, où jusqu'à la dernière heure les chances de succès sont également partagées, où l'on a pu se croire un instant certain de la victoire, pour bien comprendre et sentir ce qu'il y a de profondément douloureux, d'accablant, d'anéantissant, dans ce fatal mot de *Défaite !* qui comme un glas funèbre vient de retentir à nos oreilles. Les plus forts n'y peuvent résister, et l'abattement, le découragement, la démoralisation s'emparent de tous les esprits !

Certes, le combat n'offre pas à tous ceux qui y sont conviés des charmes bien attrayants et une perspective très agréable ; envisagé froidement, ce genre de divertissement peut et doit à bon droit donner le frisson, mais dans le feu de l'action, le soldat, quelque jeune et novice qu'il soit, subit, sous l'influence du milieu dans lequel il se trouve placé, une transformation complète. Le roulement du canon, le bruit de la fusillade, l'odeur de la poudre, le cliquetis des armes, les sons du clairon, les commandements des chefs, les clameurs poussées par des milliers d'hommes s'excitant mutuellement à la lutte, ce brouhaha immense et confus qui s'élève du champ de bataille et qui l'assourdit, le transporte, l'enivre et l'empêche de songer aux dangers qu'il court ; il n'écoute que la fibre patriotique qui vibre dans son cœur, il n'obéit qu'au sentiment du devoir, il ne suit que l'élan de son courage, et n'a en vue, lorsqu'il marche sans crainte au devant de la mort, que le salut de la patrie et l'honneur du régiment auquel il appartient !.....
Mais, alors que toute lueur d'espoir s'est évanouie, quand l'affreuse réalité lui est connue, et qu'il lui faut opérer sa retraite à tapinois, sans bruit, l'œil et l'oreille au guet comme un fripon qui, après avoir accompli quelque mau-

vais coup, cherche à s'esquiver en rampant le long du mur de peur d'être découvert, alors seulement le militaire sent son courage défaillir et ses forces l'abandonner. Tel est, à la vérité, l'effet que produit sur nous la triste nouvelle de notre échec, et c'est le cœur navré et en proie à une angoisse inexprimable que nous prenons la résolution de quitter le tertre où nous nous sommes établis au prix de bien du sang versé, et où nous sommes restés aussi longtemps, espérant toujours voir nos efforts couronnés de succès et sortir de la lutte en vainqueurs!.....

Au moment de quitter le poste que j'occupe pour rejoindre le gros du bataillon qui se met en route, je ne puis m'empêcher de jeter un dernier coup d'œil sur ce champ de bataille si animé il y a quelques heures, maintenant enveloppé d'ombre et de silence. Sur les champs et dans les vignes où s'est livré le combat, on voit briller des lumières qui, semblables à des feux-follets, errent dans l'espace; ce sont les lanternes des voitures d'ambulance qui parcourent le lieu du carnage. La voix du canon ayant cessé de se faire entendre, l'humanité et la civilisation reprennent leurs droits et commencent leur œuvre charitable. Au devant de moi j'aperçois Beaune, que l'incendie dévore aux quatre coins, et où, se mêlant au pétillement de la flamme et au fracas des bâtiments qui s'effondrent, éclatent de toutes parts les cris de joie et les chants de triomphe des Allemands célébrant leur victoire, et faisant retentir les sites d'alentour de leur fameux cantique: *Heil Dir, o Gott, im Siegeskampf!*

A la clarté de la lune, qui pour un instant parvient à se dégager des nuages qui l'entourent, je vois déboucher çà et là des formes humaines qui, ramassées sur elles-mêmes, s'avancent discrètement et vont rallier la colonne de retraite en formation derrière les fermes, tandis que dans le calme et la solitude de la nuit s'élèvent les cris de douleur et les gémissements de nos camarades blessés et mourants, que nous nous voyons dans l'affreuse nésessité d'abandonner à leur malheureux sort, et qui, entassés pêle-mêle dans des granges, privés de secours et de consolations, se tordent dans d'horribles souffrances !.....

Ce spectacle si triste et si navrant, cette joie brutale et féroce d'une soldatesque qui trouve des accents pour chanter un hymne d'allégresse, alors qu'autour d'elle il n'y a que ruines, désolation, souffrance et misère, ce spectacle, dis-je, me brise le cœur, et je me mets à maudire encore une fois, du plus profond de mon âme, ces vils despotes, ces potentats qui, sans respect pour les lois divines et humaines, entraînent les peuples à s'entre-égorger, à abreuver de leur sang la terre qu'ils devraient féconder de leurs bras et de leurs sueurs, et qui ne craignent pas de sacrifier des centaines de mille hommes pour satisfaire leur ambition personnelle ou pour attacher à leur nom un vain titre de gloire et de renommée !.....

Après une heure de marche, nous atteignons quelques maisons isolées, où il est décidé qu'on passera le restant de la nuit; granges, écuries, greniers, tout est mis à contribution pour nous loger et, comme faute d'aliments il ne faut pas songer à pouvoir calmer la faim qui nous dévore, chacun se résigne à son sort et s'endort le ventre creux.

29 Novembre 1870. — Comme de juste, nous sommes sur pied de bonne heure et notre colonne a bientôt gagné le village de Saint-Loup-des-Vignes, où nous retrouvons enfin nos généraux de brigade et de division. Bon nombre de retardataires regagnent à tout moment le bataillon, qui reçoit l'ordre de retourner dans ses anciennes positions auprès de Quiers.

Au fur et à mesure que nous nous éloignons du champ de bataille, nous obtenons des renseignements circonstanciés sur l'affaire d'hier, qui a été beaucoup plus conséquente que nous le supposions, et dans laquelle 70 à 80,000 hommes en sont venus aux mains.

Tout le 20e corps, fort de 25,000 hommes environ, échelonné entre Maizières et Saint-Michel sur une longueur de 9 kilomètres, a attaqué l'ennemi fortement retranché dans Beaune-la-Rolande, où il comptait 20 à 25,000 hommes d'infanterie et 4 à 5 batteries d'artillerie solidement établies et entourées de fossés et d'autres ouvrages de défense.

Le 18e corps, fort d'à peu près 20,000 hommes, sous les ordres du général Billot, était en position du côté de Juranville, et avait pour mission d'empêcher: d'abord tout secours prussien pouvant venir de Montargis d'arriver à Beaune, et ensuite d'opérer sa jonction avec l'extrême droite du 20e corps, et de la soutenir s'il y avait lieu.

A midi, l'action était engagée sur toute la ligne occupée par le 20e corps, et au début le succès était pour nous; si alors vers 3 heures le 18e corps fût venu nous rejoindre, si notre aile droite eût reçu les secours qui, tel qu'on a pu en juger par le récit que j'ai fait du combat, nous étaient absolument nécessaires, sans nul doute nous restions maîtres du champ de bataille, nous nous emparions de Beaune, et l'armée allemande était forcée de se replier sur Pithiviers.

La fausse manœuvre du 18ᵉ corps, qui ne vint pas à notre aide, nous ravit un succès presque assuré, et fut en grande partie la cause de notre défaite. Je dis défaite, car il n'est pas permis de se faire illusion sur l'issue funeste du combat d'hier, et il suffit aujourd'hui de jeter un coup d'œil attentif sur tous ces hommes harassés de fatigue, n'ayant rien mangé depuis plus de vingt-quatre heures, qui battent en retraite, sans murmurer il est vrai, mais abattus et découragés, pour se rendre compte de toute l'étendue du revers que nous venons d'éprouver !

Dans la nuit nous atteignons notre campement d'il y a deux jours ; le 1ᵉʳ bataillon de notre régiment s'y trouve déjà, ainsi que nos 6ᵉ et 7ᵉ compagnies qui hier ont servi de soutien à une batterie d'artillerie établie auprès de Saint-Michel, à l'extrême gauche de notre corps d'armée. Là aussi, comme nous l'apprennent les camarades, tout a marché à souhait jusque vers le soir ; nos pièces avaient démonté la batterie prussienne contre laquelle elles avaient ouvert le feu, et envoyé quelques obus dans le clocher de l'église de Beaune où s'abritaient les tirailleurs ennemis, lorsqu'à 4 heures, l'apparition soudaine de renforts allemands fraîchement arrivés de Pithiviers, vint mettre un terme au succès de notre tir ; une nouvelle batterie s'établit en face de nos canons, et en peu d'instants dirigea contre eux une pluie de fer, à laquelle nos malheureux artilleurs ne pouvaient plus répondre, hélas !..... faute de munitions !

A plusieurs reprises, le lieutenant commandant la batterie en avait envoyé chercher, mais ses caissons étaient toujours revenus vides ; aussi, n'ayant plus un boulet à tirer, se trouvant exposé à un feu consécutif et habilement dirigé, qui mettait à la fois ses hommes et ses pièces dans le plus grand danger, l'officier d'artillerie n'eut d'autre alternative pour sauver son monde et son matériel, que celle de battre précipitamment en retraite, et de laisser le champ libre à l'ennemi !

Quelle conclusion tirer de faits pareils, si ce n'est que la cause première et capitale de notre échec tient à notre propre incurie ? Absence de commandement en chef réel, et partant, manque de cohésion entre les différents corps d'armée, confusion dans les ordres, non-exécution des mouvements projetés et convenus d'avance, manque de munitions sur le champ de bataille — rien en un mot de ce qui était nécessaire pour essuyer un revers ne nous a fait défaut à Beaune !

En présence d'un tel désordre et d'une aussi grande négligence, est-ce chose étonnante que de voir le soldat, qui au fond n'ignore pas absolument ce qui se passe autour de lui, perdre confiance en ses chefs, et aller dans un accès de découragement jusqu'à les traiter d'ignorants et d'incapables ?.....

1er Décembre 1870. — Hier on nous a enfin octroyé des vivres, et le dernier jour de novembre a été consacré au repos et au ravitaillement de notre brigade.

On a également procédé à de fréquents et minutieux appels, afin de pouvoir dresser l'état des pertes éprouvées par le régiment dans l'affaire du 28 ; ce travail terminé, il a été constaté que nos deux bataillons ont perdu environ 300 hommes, tant officiers que soldats, tués, blessés et disparus. Notre docteur, auquel j'ai eu occasion de parler, m'a affirmé avoir pansé, à lui seul, plus de 50 blessés appartenant au régiment.

Cette perte est très conséquente, mais bien moindre que celle éprouvée par le valeureux 3e zouaves qui, paraît-il, a eu plus de 1,000 hommes[1] mis hors de combat, et parmi eux bon nombre d'officiers.

Que de sang versé pour un aussi triste résultat !.....

Aujourd'hui, le signal du départ est donné ; nous quittons Quiers et nous nous remettons en route pour recommencer l'attaque contre Beaune, disent les uns, pour nous replier sur Bellegarde, prétendent les autres. Ni l'une ni l'autre de ces versions n'est fondée ; nous ne nous dirigeons ni sur Beaune ni sur Bellegarde, mais, appuyant sur notre gauche, nous gagnons le petit village de Nibelles, situé sur la lisière de la grande forêt d'Orléans, où notre brigade campe ce soir.

Pendant tout le jour le canon n'a cessé de se faire entendre du côté de Saint-Loup ; nous avons opéré notre mouvement en observant la plus grande prudence et en nous tenant constamment sur nos gardes, car à tout moment le général s'attendait à voir paraître l'ennemi, dont à plusieurs reprises nous avons aperçu les vedettes.

4 Décembre 1870. — Nous sommes à Nibelles depuis quatre mortelles journées, subissant toutes les rigueurs d'une température sibérienne.

Le 2, vers 5 heures du matin, ordre nous fut donné de

---

[1] Le 3e régiment de zouaves ne fut reconstitué complètement qu'à notre départ de Bourges, où il reçut un millier de jeunes soldats, tirés de divers dépôts d'infanterie de ligne.

lever le camp, de mettre le sac au dos et de nous tenir prêts à toute éventualité ; nous restâmes ainsi sous les armes jusqu'au lever de l'aurore, où il nous fut permis d'allumer de petits feux et de faire bouillir le café ; la journée toute entière se passa auprès des faisceaux, et, la nuit venue, nous eûmes infiniment de peine à remonter nos tentes sur la terre gelée et durcie.

Hier, dès l'aube, tandis que, debout et l'arme au pied, nous soufflions dans nos doigts et nous battions la semelle pour nous réchauffer, nous vîmes arriver vers nous, au grand trot de son cheval, le général Vivenot.

« Bonne nouvelle, mes amis, bonne nouvelle », nous dit-il en parcourant le front de bandière du bataillon ; « le général Ducrot vient de sortir de Paris à la tête de 150,000 hommes : il a passé la Marne après un sanglant combat, où l'ennemi a été culbuté et mis en déroute, et l'armée de Paris s'avance au-devant de nous ! Courage, mes enfants, bientôt nous serons à même de faire endurer à ces damnés Prussiens une partie des maux dont ils ne cessent de nous accabler depuis le début de la guerre ! »

Quelque transis de froid que nous fussions, les cris répétés de « Vive la France ! » accueillirent les bonnes paroles du général Vivenot, et l'étincelle patriotique qui couve toujours dans nos veines s'étant rallumée comme par enchantement, on ne s'entretint tout le jour que de l'heureuse et brillante sortie du général Ducrot, et de l'ère de victoire qu'allait indubitablement inaugurer pour nous cet éclatant fait d'armes !.....

Ce matin, par un beau dimanche, froid, mais sec, le régiment prend définitivement congé de Nibelles, et quitte ce séjour de délices avec une joie inexprimable, tant nous sommes saturés des grand'gardes et des corvées qui nous y sont échues en partage. Appuyant toujours sur la gauche, notre division s'engage dans la forêt d'Orléans, gagne la chaussée de Combreux et fait sa grande halte à Vitry-aux-Loges. De Vitry nous nous rendons à Fay-aux-Loges et de là à Donnery, où nous passons le canal d'Orléans à 15 kilomètres de cette dernière ville. Poursuivant sa marche, notre colonne s'avance dans la direction de Chéry, quand tout à coup les cris de : « A droite et à gauche ouvrez vos rangs », se font entendre à la tête du bataillon ; le commandement de « Halte » retentit également, et nous nous rangeons sur le bord de la route pour laisser le passage libre aux omnibus d'ambulance, aux fourgons de l'intendance, aux cacolets et aux autres nombreux véhicules qui ont pour habitude d'entraver toutes nos marches, et qui en ce moment rebroussent chemin et se dirigent vers Donnery au triple galop de leurs attelages. Etonnés d'une retraite aussi précipitée de la part de gens qui, comme les employés de l'intendance et certains médecins et infirmiers de la société l'Internationale, n'ont garde de rester sur les derrières de l'armée, alors qu'on se rapproche du cantonnement, où d'ordinaire ils arrivent les premiers et pour cause, nous ne savons que penser de ce mouvement incompréhensible, lorsque le général Thornton, revenant à toutes brides au devant de nous, vient nous donner le mot de l'énigme :

« Mes enfants, par le flanc gauche, à travers champs et par division en ligne, suivez-moi ! »

Cet ordre est immédiatement exécuté et, abandonnant la grande route, nous allons rejoindre un petit chemin vicinal qui de Donnery conduit aux bords de la Loire, à Saint-Denis-de-l'Hôtel ; au lieu de marcher sur Orléans, nous nous mettons en devoir de gagner la rive gauche du fleuve, et puisqu'il faut appeler les choses par leur nom, mieux vaut dire de suite que nous battons encore une fois en retraite !

Qu'est-il donc arrivé ? Les bruits les plus divers circulent à cet égard. On parle d'engagements qui doivent avoir eu lieu hier, avant-hier et même aujourd'hui entre le 15ᵉ corps français et les Prussiens, et où nos troupes, comme de coutume malheureusement, ont dû essuyer une sanglante défaite ; on s'entretient vaguement de la reprise d'Orléans par l'ennemi, de la déroute presque complète de l'armée du général d'Aurelle de Paladines, et on attribue notre retraite précipitée à l'approche d'un corps d'armée prussien arrivant sur nous à marche forcée, et dont à Donnery seulement nos éclaireurs ont signalé la présence à 7 ou 8 kilomètres au plus de nos avant-gardes !

Nul n'est à même de discerner ce qu'il y a de vrai dans ces rumeurs, mais une chose sur laquelle nous sommes fixés, c'est qu'abandonnant leurs positions sur la rive droite de la Loire, nos généraux cherchent à gagner avec leurs troupes le bord opposé du fleuve aussi rapidement qu'il est possible de le faire.

A Saint-Denis-de-l'Hôtel, où nous arrivons vers 4 heures, il règne déjà un désordre épouvantable. Soldats de toutes armes, cavaliers, fantassins, artilleurs, canons, fourgons, matériel de toute espèce, se confondent, se croisent et s'entassent pêle-mêle dans les rues. La nuit ne tarde pas à mettre le comble à cette situation déjà si critique, et vient rendre plus difficile encore le passage de la Loire qui s'effectue sur un pont suspendu, dont l'une des extrémités, détruite récemment, a été réparée à la hâte, et n'offre par conséquent qu'une solidité très problématique. Grâce cependant à l'énergie et à la fermeté du général Crouzat, qui s'est placé résolûment à la tête du pont et qui dirige en personne la retraite, cette opération s'accomplit avec beaucoup de célérité et, hâtons-nous de le dire à la louange de notre général en chef, avec un ordre relativement parfait. Après deux heures d'attente dans les rues de Saint-Denis, notre tour de passage arrive et nous nous engageons sur le pont qui, oscillant et craquant à tout instant sous nos pieds, ne nous inspire qu'une confiance très médiocre ; aussi est-ce avec la plus vive satisfaction que nous abordons à Jargeau où, après nous être ralliés tant bien que mal, nous nous rendons en dehors de la ville sur les champs qui bordent la route ; nous nous arrêtons là pour camper et passer sous la tente une nuit qui, en raison des événements extraordinaires de la journée, sera certainement bien triste et bien agitée.

5 Décembre 1870. — De fâcheuses nouvelles nous arrivent de toutes parts. Les bruits qui ont couru hier au soir ne sont, hélas, que trop fondés ; le 15e corps a été battu aux combats de Chilleurs et de Salbris, l'armée du général d'Aurelle est en déroute et, pour comble d'infortune, Orléans est retombé au pouvoir de l'ennemi qui, par d'habiles manœuvres, a su immobiliser les 18e et 20e corps, et priver de la sorte l'armée d'Orléans d'un renfort de 30 à 40,000 hommes qui, arrivé à temps, eût pu changer la face des choses !

Aujourd'hui, notre ligne de défense de la Loire étant de

nouveau perdue, tout espoir de marcher au secours de Paris doit être abandonné, et scindés comme nous le sommes par l'armée allemande qui rend notre jonction impossible, il ne nous reste rien de mieux à faire que de nous retirer à l'intérieur du pays, soit à Bourges ou à Châteauroux, pour nous y reformer et recommencer de là de nouvelles opérations si faire se peut.

Ce matin, vers 2 heures, après le passage de la totalité des troupes françaises, on a fait sauter le pont de Jargeau ; nous nous trouvons par conséquent à l'abri d'une attaque immédiate de la part de l'ennemi, mais nous n'avons pas de temps à perdre si nous voulons échapper aux forces prussiennes qui, maîtresses d'Orléans, ne tarderont pas à s'élancer à notre poursuite. Aussi, vers 9 heures, nous quittons notre campement par un temps superbe et, abandonnant les bords de la Loire, nous nous éloignons dans la direction du Sud vers le département du Cher. Nous traversons successivement Ferolles, Tigy et quelques autres localités, pour venir camper le soir, par un magnifique clair de lune, sur la lisière d'un bois auprès du village de Viglain.

6 Décembre 1870. — Nous faisons aujourd'hui une triste et pénible étape en plein pays de Sologne, ne rencontrant sur notre passage que d'immenses plaines couvertes de bruyères et de tourbières, parsemées par ci, par là, de quelques rares et pauvres villages, où il est impossible de se rien procurer ; bien tard dans la soirée nous arrivons enfin à Argent, où l'on nous intime l'ordre de camper et de dresser nos tentes, ce qui malheureusement n'est pas possible. La terre, couverte de neige, est tellement durcie par la gelée, qu'il n'y a pas moyen d'y enfoncer le moindre piquet, et, quoiqu'à contre-cœur, nous nous voyons dans la nécessité de bivouaquer en plein air, par un froid de 8 à 10 degrés, rendu plus vif encore par une bise glaciale qui souffle avec violence et nous transperce les membres.

7 Décembre 1870. — Le départ, qui devait avoir lieu dès l'aube, est contremandé ce matin. Il s'agit, en effet, vu l'état des routes qui sont couvertes de verglas, de ferrer à glace tous les chevaux de l'artillerie et du train qui ne le sont pas, et qui pour cette raison ne peuvent rendre aucun service; cet inconvénient, auquel il est urgent de porter remède immédiatement, vaut aux troupes du 20e corps un jour de repos qui leur est octroyé par le général en chef.

Personne dans le courant de la journée ne perd son temps au régiment. Tandis que, réunis chez le colonel, nos officiers y tiennent conseil pour statuer sur le sort de divers grades rendus vacants depuis l'affaire de Beaune, nos hommes, à force de persévérance et à grand renfort d'eau chaude et de coups de baïonnettes, parviennent peu à peu à creuser quelques trous et à monter leurs tentes. Vers le soir, le travail des officiers étant terminé, on nous communique aussitôt l'ordre du régiment, par lequel j'apprends ma nomination au grade de sergent-major dans ma compagnie. Je dois avouer que je quitte sans le moindre regret les galons de fourrier, qui m'ont valu depuis notre départ de Belfort tant d'ennuis et de désagréments, et c'est avec un sensible plaisir que je les remets à mon successeur, en lui souhaitant toutefois moins de tracas et plus de quiétude qu'il ne m'en est échu en partage depuis le début de la campagne.

9 Décembre 1870. — Enfin, après dix-huit heures de marche, il nous est permis de prendre un instant de repos ! Dieu en soit loué !

Quelle triste et lugubre journée que celle du 8 décembre, où il nous a fallu franchir d'un trait les soixante kilomètres qui séparent Argent de Bourges.

La neige tombait à gros flocons au moment de notre départ d'Argent, ce qui ne nous empêcha pas de nous diriger à grands pas vers Aubigny, où nous trouvâmes en pleine débandade, couchés sur la glace et souffrant horriblement du froid, les débris du 15e corps échappés d'Orléans ; nous ne fîmes que traverser rapidement la ville où régnait un encombrement général, et nous nous éloignâmes dans la direction de La Chapelle, où devait se terminer notre étape de la journée. Il n'en fut malheureusement rien ; de nouveaux ordres nous enjoignirent bientôt de ne nous arrêter nulle part, de poursuivre au contraire rondement notre route, et de nous tenir prêts à faire une marche forcée nécessitée par l'approche de l'ennemi qui, paraît-il, nous faisait la chasse avec un acharnement extraordinaire. Notre première halte se fit à la nuit tombante, au milieu d'une forêt, où, éloignés de plusieurs kilomètres de toute habitation, il nous fut impossible de nous procurer le moindre aliment ; l'eau même nous fit défaut et, pour calmer la soif qui nous dévorait, force nous fut de faire fondre de la neige et d'avaler un tel breuvage.

Au bout d'une heure et demie, la colonne se reforma et nous nous remîmes à emboîter le pas en chantant, pour oublier et la faim et le nombre de kilomètres qu'il nous restait encore à mesurer ; cette distraction, comme toutes les autres du même genre, ne dura que son temps et, sous l'influence de la fatigue et du froid qui peu à peu engourdirent les membres de tout le monde, le diapason de la gaîté générale baissa sensiblement pour faire place bientôt après au silence le plus profond. Ceux qui le pouvaient, les plus robustes d'entre nous, avançaient et se traînaient machinalement le long de la route dans l'obscurité et la neige, obéissant à une force instinctive qui les poussait malgré eux, tandis que le plus grand nombre des hommes abîmés par les marches continuelles qu'on nous fait faire depuis deux mois, rompus par la fatigue, minés par la faim, se trouvant incapables de suivre leurs camarades, restaient en arrière et formaient ainsi de nombreuses bandes de traînards et d'éclopés !.....

Ce matin, vers 3 heures, nous arrivions enfin en vue de Bourges, dans le village d'Asnières, avec un effectif réduit de deux bons tiers ; notre course était heureusement terminée, mais au lieu de pouvoir nous étendre autour des feux et sommeiller un peu, il nous fallut rester de grand'garde jusqu'au jour.

Depuis midi seulement nous sommes cantonnés dans des granges (la première fois depuis notre incorporation dans l'armée de la Loire), et grâce à quelques bandes de lard et à des pommes de terre que j'ai pu me procurer, les cuisines de la compagnie ne chôment pas. Pour moi, ma nouvelle position de major me donne quelque loisir, et je puis à mon aise me reposer, me réconforter, et consigner tout au long dans mon calepin mes observations journalières.

10 Décembre 1870. — L'ordre de quitter Asnières nous est arrivé dans la nuit, et ce matin de bonne heure nous partons pour Bourges, où nous arrivons avec l'aube naissante. Nous nous arrêtons dans les faubourgs de la ville, où l'on nous range en bataille auprès des retranchements formidables qui y ont été élevés, et que défendent d'énormes pièces de marine desservies par des troupes d'élite. Nous restons là tout le jour devant les faisceaux et, le soir venu, on nous loge dans des bâtiments à usage de fabrique de toiles cirées, que l'administration militaire a fait évacuer par les propriétaires, et où nous nous trouvons incomparablement mieux que sous les lambeaux de toile qui nous servent de tentes.

13 Décembre 1870. — Pendant trois jours consécutifs nous n'avons pas quitté les postes qui nous ont été confiés dans les faubourgs de l'antique cité berrichonne, et où nous avons vainement attendu un ennemi qui n'a pas jugé à propos de se faire voir et qui, négligeant Bourges, s'avance directement sur Blois et Tours. Du moment où il en est ainsi, notre présence dans le département du Cher n'est nullement nécessaire, et comme le danger semble menacer nos armées de l'Ouest plutôt que nous-mêmes, rien n'est à la fois plus juste et plus naturel que de chercher à leur porter secours.

C'est dans ce but, paraît-il, qu'on nous fait abandonner Bourges ce matin pour nous diriger du côté de Vierzon. S'il faut en juger par le début, notre étape sera pénible ; les routes sont en effet couvertes de verglas ; les troupes ne marchent qu'avec peine, et il est presque impossible aux chevaux d'avancer, tant le sol est glissant. A tout instant une de ces malheureuses bêtes tombe et s'abat, un filet de sang s'échappe de ses naseaux démesurément ouverts, et l'animal se couche sur le flanc pour ne plus se relever ; c'est un spectacle navrant, et j'éprouve, quant à moi, un indicible serrement de cœur à la vue des nombreuses victimes qui jalonnent pour ainsi dire la route que nous suivons !

Vers midi, notre division fait une halte auprès du village de Bourgneuf, et, tandis que chacun est occupé à faire bouillir sa soupe, le temps se met à la pluie et transforme bientôt en un vrai marécage le champ de pommes de terre sur lequel nous bivouaquons. Nous sommes dans la crotte jusqu'à mi-jambe, nos vêtements sont mouillés de part en part et, pour comble de disgrâce, notre halte semble comme à dessein se prolonger outre mesure. Aussi nos troupes, qui depuis le jour fatal de Beaune, sont en proie à un mécontentement et à une mauvaise humeur que nos misères journalières n'ont fait qu'augmenter, ne savent aujourd'hui se contenir et donnent un libre cours aux sentiments qui les animent ; sous l'influence des contrariétés que nous fait éprouver l'état de la température, les hommes, cédant à un accès de spleen, se comportent de la façon la plus déplorable. Tout à coup, et partant de tous les côtés à la fois, de sourdes clameurs se font entendre ; en peu d'instants le tumulte est à son comble, et au moment où le général Crouzat suivi de son état-major passe sur la route, les cris de : « Vive la paix ! A bas Gambetta ! A bas Crouzat ! » retentissent sur toute la ligne de notre division !.....

Que dire d'un acte d'indiscipline pareil ?

Pour ma part, je n'ai jamais pu comprendre l'utilité de ces manifestations bruyantes et insolites, qui dégradent et avilissent la dignité du soldat, en lui faisant oublier le premier de ces devoirs : la discipline. En admettant même que nos chefs soient coupables, nous le sommes bien plus qu'eux en agissant comme nous venons de le faire, et nos officiers sont plutôt autorisés à se plaindre de notre indiscipline, que nous ne le sommes à les accuser d'incapacité et de trahison !

Quant à notre acte de rébellion stupide et honteux, il n'a d'autre résultat que de prolonger notre séjour dans la vase, avec défense de quitter les faisceaux ; vers le soir seulement nous reprenons notre marche, pour arriver fort tard dans la forêt d'Allogny, où le régiment reçoit l'ordre de bivouaquer, mais sans oser allumer de feux et sans pouvoir dresser de tentes. Tel que nous pouvons facilement nous en convaincre, cette mesure est générale pour toute notre division, qui d'ailleurs n'a que trop encouru le juste courroux de ses chefs.

16 Décembre 1870. — Nous ne quittons Allogny que ce matin, après y être resté trois jours de grand'garde, attendant, mais toujours en vain, un ennemi qui définitivement semble vouloir nous laisser dans la tranquillité la plus complète.

A notre grand étonnement, nous reprenons la route de Bourges où nous ne tardons pas à arriver, et que nous traversons au pas de gymnastique sous les yeux du dictateur Gambetta qui, avant de se rendre à Bordeaux, siège actuel de la délégation du gouvernement de la Défense nationale, est accouru ici pour voir par lui-même dans quel état se trouvent les débris de l'armée de la Loire. Je ne sais quelle impression a produit sur l'esprit du ministre l'aspect de notre 20e corps, dépourvu de tant d'objets de première nécessité, mais il serait à désirer que la visite du chef suprême du gouvernement apportât quelque soulagement à nos misères et à nos infortunes.

Au sortir de Bourges, notre brigade gagne Gionne, petit village auprès de la route de Dun-le-Roy, où, cantonnés dans d'excellents greniers à foin, nous pouvons nous étendre à notre aise et nous remettre un peu des fatigues éprouvées au campement l'Allogny.

17 Décembre 1870. — Un ordre du général Thornton, annonçant qu'une journée de repos est accordée aux troupes de la 2ᵉ division nous est à peine communiqué, qu'un contre-ordre arrive et nous enjoint de mettre sac au dos dans le plus bref délai. A midi nous quittons Gionne pour retourner derechef à Bourges où, après bien des hésitations de la part du général commandant la place, on finit par mettre à notre disposition les granges, écuries, caves et greniers des habitations de la rue Dun-le-Roi ; peu s'en faut du reste que nous n'ayons à enlever à la baïonnette les gîtes qui nous ont été assignés, tant les habitants de la capitale du Berry mettent de bonne grâce à nous recevoir !

Le jour de repos dont nous eussions dû profiter aujourd'hui est reporté sur demain dimanche ; la journée sera exclusivement consacrée aux travaux de propreté, dont nous avons un pressant besoin.

19 Décembre 1870. — Quoique hier il y eut défense de pénétrer dans l'intérieur de la ville, nous n'en avons pas moins été à même d'obtenir des renseignements sur ce qui se passe autour de nous. Nous avons pu lire quelques journaux, chose qui ne se présente pas tous les jours pour le troupier en campagne, et dont nous avons largement profité ; parmi toutes les nouvelles qui nous sont parvenues, la plus intéressante pour nous est celle ayant trait au général Crouzat, qui, paraît-il, abandonne le commandement du 20ᵉ corps pour aller prendre celui de la place de Lyon, et est remplacé dans ses fonctions par le général Clinchant[1].

---

[1] La perte du brave général, qui depuis Besançon se trouvait à notre tête, et qui avait partagé notre bonne et notre mauvaise fortune, ne nous affecta que médiocrement ; nous étions trop démoralisés, après nos défaites sur la Loire, pour ne pas nourrir au fond de nos cœurs certain ressentiment contre celui que nous supposions, à tort certainement, être l'auteur de nos désastres et la cause de nos misères. On vit partir le général Crouzat sans le regretter, avec un certain plaisir même ; mais bientôt après, et aujourd'hui surtout, ceux qui ont eu l'honneur de servir sous ses ordres, et qui ont voulu se donner la peine de lire les différents ouvrages qui ont été publiés sur les opérations de l'armée de la Loire, ont dû acquérir la certitude que le général Crouzat a accompli son devoir en brave et loyal soldat.

Si, à Beaune, il manquait de l'homogénéité dans les mouvements, s'il régnait de la confusion dans la manière de donner les ordres et de les exécuter, si en un mot il n'y avait pas de commandement en chef réel et reconnu tel par les chefs des différents corps, la faute n'en est point à imputer au général Crouzat, qui ne recevait ses ordres et ses instructions que du cabinet même du ministre dictateur. Il suffit de jeter un coup d'œil sur les dépêches officielles publiées par le général d'Aurelle de Paladines dans son livre : *La Iʳᵉ armée de la Loire*, pour se convaincre que le commandant du 20ᵉ corps était mené à la baguette par le Carnot du gouvernement de Tours, M. Freycinet. Le général Crouzat ne pouvait rien par lui-même, et n'avait qu'à exécuter en tous points les ordres qu'il recevait journellement du ministère.

Nous étions également dans l'erreur la plus profonde en attribuant à l'incurie et au mauvais vouloir de notre général, et les marches continuelles qu'on nous faisait faire, et le manque de vivres et d'objets de première nécessité qui nous faisaient constamment défaut. Notre chef ne cessait de réclamer pour nous tout ce dont nous avions besoin, tel que le prouvent d'ailleurs les dépêches extraites du livre du général d'Aurelle, qu'on trouvera dans les notes à la fin de ce volume.

Si dans l'esprit de certains de mes anciens compagnons d'armes il était

En attendant que cette nouvelle nous soit officiellement confirmée, l'ordre de départ nous est arrivé, et ce matin à 6 heures nous quittons Bourges pour tout de bon.

Où allons-nous ?

A Châteauroux, en Auvergne, à Toulouse, à Lyon, à Nevers, pour y être réorganisés, disent les uns ; dans l'Est, renforcer l'armée de Garibaldi, prétendent ceux qui se croient les mieux renseignés. Bref, on ignore complètement quel doit être le but final de notre voyage, et on se perd tout naturellement dans une foule de conjectures à cet égard.

Au village de Saint-Just nous nous arrêtons afin de laisser défiler deux batteries d'artillerie ; puis notre régiment s'aligne le long de la route pour être passé en revue par le général Clinchant, qui décidément est notre nouveau commandant en chef. Autant que je puis en juger, c'est un homme de taille moyenne, à la physionomie franche et ouverte, au teint coloré, à l'œil vif et intelligent ; il porte une moustache, est enveloppé dans un manteau de fourrures et se présente fort bien à cheval. Le général passe au petit trot devant notre front de bandière, et le dernier cavalier de son escorte n'a pas plutôt disparu au tournant de la route que nous nous reformons en colonne pour reprendre notre marche, mais en obliquant à gauche, au grand ébahissement des partisans du camp de Châteauroux, et à la vive satisfaction de ceux qui penchent en faveur de Nevers.

---

resté quelque doute au sujet de l'honorabilité, de la droiture et de la loyauté du commandant en chef du 20ᵉ corps, j'aime à croire qu'après la lecture des documents dont il s'agit, ils se rendront comme moi à l'évidence, et paieront un juste hommage au patriotisme de leur ancien général et à la sollicitude dont il les a entourés.

Dans la soirée, nous allons établir domicile non loin du village de Jussy, dans de grandes et bonnes fermes, où nous passons une excellente nuit.

21 Décembre 1870. — C'est le fallot à la main pour éclairer notre route que nous avons quitté Jussy hier pour ne faire qu'une petite étape et nous rendre auprès de Germigny, où nous avons été parfaitement logés et fort bien reçus dans deux ou trois vastes fermes. Depuis notre départ de Bourges nous ne sommes pas trop mal à notre aise, grâce à notre passage à travers le pays des dindons, qu'on peut se procurer ici moyennant une somme fort modique ; aussi ne s'en prive-t-on pas, et le précieux volatile fait les délices de tous, depuis l'officier supérieur jusqu'au plus humble pioupiou.

Nous avons mis le sac sur le dos de bon matin aujourd'hui, pour reprendre notre petit exercice quotidien : la marche. La pluie nous a accompagnés tout le jour, et n'a cessé de tomber à grosses gouttes, ce qui ne nous a pas empêché de faire beaucoup de chemin en pataugeant dans une boue atroce. Cette après-midi nous sommes arrivés aux bords de l'Allier, que nous avons traversé sur un pont magnifique, non loin du point où cette rivière se jette dans la Loire, et après bien des détours et fréquents arrêts, nous avons atteint le lieu du campement.

Nous n'avons, hélas ! ni fermes, ni greniers à notre disposition, et il faudra ce soir nous contenter de coucher sous la tente et sans paille encore. Heureusement, la terre détrempée par la pluie nous permet de construire assez lestement nos fragiles demeures ; mais le vent souffle avec violence, le froid commence à se faire sentir, et il y a tout lieu de supposer que la nuit ne sera pas des plus agréables.

22 Décembre 1870. Mes prévisions ne m'ont pas trompé ; je viens de passer auprès de Saincaize (c'est ainsi que se nomme l'endroit autour duquel nous sommes campés), une nuit atroce. Il a fait tellement froid sous la tente, que la plupart de nos soldats n'ont pu y demeurer et sont allés se grouper autour des feux, préférant, par un froid de 10 à 12° au-dessous de zéro, passer la nuit à la belle étoile et battre la semelle pour se réchauffer, que de rester couchés sur la dure et d'y geler.

La mauvaise saison s'annonce sous de bien tristes auspices, et si cet état de choses continue, que deviendrons-nous dans un mois, au cœur de l'hiver, quand il faudra passer des nuits entières dehors ? Je frissonne rien que d'y songer !

L'événement du jour pour notre régiment, c'est l'échange que nous faisons de nos fusils à tabatière contre des armes Chassepot ; il n'est que temps que cette substitution ait lieu, car nos *tabatières*, qui ont toujours laissé quelque peu à désirer, sont depuis Beaune dans un état pitoyable ; la plupart des ressorts ne fonctionnent plus, et s'il fallait faire usage de ses armes, la moitié des hommes se verraient dans l'impossibilité de tirer un coup de fusil !

Une autre nouvelle qu'on nous annonce au rapport, et de la véracité de laquelle nous pouvons aisément nous rendre compte par la vue de ce qui se passe autour de nous, est celle de l'embarquement pour une destination inconnue de tout notre corps d'armée. Il y a à Saincaize une station de chemin de fer, où se succèdent jour et nuit d'immenses et de nombreux convois, emportant hommes, chevaux et matériel ; il règne là un mouvement extraordinaire qui dure depuis plusieurs jours déjà. Le 18e corps est parti ; on procède maintenant à l'embarquement des premières brigades du 20e corps, et notre tour de monter en wagon ne doit pas tarder à arriver. Malheureusement les transports, eu égard à l'état de la température, ne se font pas avec toute la célérité voulue ; il surgit de nombreuses difficultés, et entre autres la formation de fréquents trains réclamés d'urgence par les ambulances pour l'évacuation des malades, dont le nombre est devenu considérable depuis les grands froids de ces derniers jours ; notre seul bataillon compte une trentaine d'hommes, qui sont dirigés ce soir sur l'hôpital de Nevers !.....

Pauvre armée française, quelle triste destinée que la tienne !.....

24 Décembre 1870. — Il fait de plus en plus froid, et les dernières nuits passées à Saincaize ont été horribles. Aussi hier l'on a eu pitié de nous, et comme l'heure de notre départ n'avait pas encore sonné, on a consenti à nous cantonner sur la rive gauche de l'Allier, dans le petit village d'Apremont, où pour ma part j'ai eu le bonheur de tomber chez une brave femme, qui a bien voulu mettre toute son habitation à la disposition des officiers et sous-officiers de la compagnie.

Aujourd'hui, par 16 degrés de froid, nous sommes sur pied à 6 heures du matin et nous nous mettons en route lentement, marchant de la façon la plus irrégulière, courant par moments, puis nous arrêtant tout à coup, pour reprendre le mors aux dents peu après, continuant en un mot les traditions en vogue depuis le commencement de notre entrée en campagne, et qui ont pour résultat de nous harasser outre mesure, tout en ne nous faisant pas franchir de bien longues étapes. Traversant pour la troisième fois l'Allier, nous nous dirigeons sur Nevers, où nous arrivons vers midi et que nous traversons au pas de course, comme cela s'est pratiqué à Bourges à notre retour d'Allogny. Notre grande halte se fait sur la route, à 5 kilomètres de la ville, et, après une heure de repos, la colonne se remet en mouvement pour ne s'arrêter qu'au soir dans la ville d'Imphy, où on nous parque (c'est le mot) dans deux fermes situées à un kilomètre du pays. J'ai toutes les peines du monde à caser mes hommes, et peu s'en faut que les sergents de la compagnie et moi nous ne couchions en plein air, tant est parcimonieusement mesurée la place qui nous a été réservée. Il va sans dire que l'état de dénûment dans lequel nous nous trouvons, joint aux fatigues de la journée, ne nous engagent nullement à réveillonner ; nous mangeons le riz classique, et après avoir fait chauffer, en guise d'extra, la ration de vin que nous avons pu nous procurer, mes collègues et moi, nous buvons à nos santés respectives et, nous étendant sur la paille, nous ne tardons pas à nous endormir du sommeil du juste.

28 Décembre 1870. — Le jour de Noël, avec un temps tout à fait de circonstance, c'est-à-dire par une neige tombant abondamment, nous avons quitté Imphy pour nous rendre au village de Tinte, que nous occupons encore aujourd'hui. Comme à Saincaize, il est question de nous faire prendre le chemin de fer, mais d'autres divisions et d'autres brigades devant partir avant la nôtre, nous attendons tranquillement notre tour depuis trois jours, employant notre temps à toutes sortes de corvées, de revues et d'exercices qui se succèdent sans interruption.

Ce soir, au moment où nous y songeons le moins, arrive l'ordre du départ. Nous quittons Tinte et ne faisons qu'une marche de quelques kilomètres pour nous rendre à Saint-Léger-des-Vignes, où nous devons passer la nuit en attendant que demain matin le chemin de fer nous emporte vers ce point mystérieux de notre territoire dont on nous parle depuis si longtemps, et que nous brûlons du désir de connaître.

29 Décembre 1870. — Nous gagnons ce matin la gare de Decizes, où nous sommes enfin bien et dûment embarqués dans des wagons à bestiaux, pour prendre telle direction qu'il paraîtra convenable au gouvernement de la Défense nationale de nous donner. Le sifflet de la locomotive se fait entendre, nous démarrons et refaisons identiquement, mais en sens contraire, le chemin que nous avons parcouru il y a deux mois en nous rendant de Chagny au camp de Gien ; nous repassons à Montchanin, au Creuzot, et finalement nous arrivons en gare à Chalon-sur-Saône, où il est décidé que le train stationnera jusqu'à demain.

Les hommes étant à jeun depuis ce matin, il s'agit avant tout de se procurer des aliments ; mais, malgré toutes nos sollicitations, le propriétaire du buffet prétend ne pouvoir rien nous fournir ; d'un autre côté, il y a défense formelle d'allumer des feux dans l'intérieur de la gare, et par conséquent impossibilité complète de faire usage de nos vivres de campagne. Comment arriverons-nous de la sorte à apaiser la faim qui nous dévore ?

Dieu le sait ; mais personne ici ne semble s'en soucier, et en présence du dénûment et de l'abandon dans lesquels on nous laisse, je ne puis m'empêcher de songer à notre bonne ville de Mulhouse, où, lors du passage des troupes se rendant au début de la guerre à Strasbourg et à Metz, il y avait constamment à la gare, jour et nuit, de braves et dévoués citoyens, distribuant aux soldats qui arrivaient, les rafraîchissements dont ils avaient besoin. Pour nous, chose triste à dire! nous n'avons trouvé jusqu'à présent dans toutes les provinces du centre de la France que nous avons parcourues, et qui jamais n'ont vu l'ennemi, aucune main charitable qui soit venue à notre secours; à Gien, à Bourges, à Nevers, les habitants se sont toujours empressés de se réfugier dans leurs maisons, de peur que quelque malheureux ne vînt leur mendier un morceau de pain ou leur demander un verre de vin! A Chalon où, au nombre d'un millier environ, nous venons d'arriver à 10 heures du soir, pas une âme ne se trouve au chemin de fer pour nous recevoir et nous offrir quelques légers rafraîchissements.

Mon capitaine m'envoie en ville à la recherche de provisions, mais je ne tarde pas à rentrer bredouille, après avoir trouvé partout portes closes, jusques et y compris celle de l'établissement culinaire qui, au dire de l'Intendance, a pris l'engagement de fournir à toute heure, contre paiement, du bouillon aux troupes de passage! Grâce à ce merveilleux état de choses, nous n'allons avoir d'autre alternative que celle de nous brosser le ventre en attendant des temps meilleurs, lorsque heureusement la Providence nous suggère des sauveurs inattendus en la personne des membres de l'ambulance mulhousienne, venus tout exprès à l'armée de l'Est pour nous apporter les secours et nous entourer des soins dont nous avons un si grand besoin. Par un étrange hasard, ces messieurs viennent d'arriver à Chalon presque en même temps que nous, et ils sont là, ces braves compatriotes, nous distribuant du pain, du vin, en un mot tous les vivres qu'ils ont pu se procurer, et que nous accueillons avec un enthousiasme indescriptible !

Les Chalonais dorment en paix et s'inquiètent fort peu de ceux qui vont mourir pour tâcher de les délivrer de la présence de l'ennemi, tandis que Mulhouse, et avec elle l'Alsace entière, depuis quatre mois soumise au joug du vainqueur, avec la perspective presque inévitable d'être violemment séparée de la mère-patrie si le succès ne vient enfin couronner nos efforts, l'Alsace, elle, ne dort pas au moment du danger. Elle veille sur ses enfants, elle les exhorte sans cesse à la lutte, elle enflamme leur courage, elle compte sur eux pour qu'ils lui apportent la délivrance, et cette noble province, aussi charitable que patriote, se saigne à blanc pour semer à profusion en France, et ses jeunes gens, et son or, et des secours de toute nature, afin de rendre plus énergique et plus efficace la lutte suprême qui doit décider de son sort !.....

Brave pays, terre natale que nous adorons tous, parents, amis, concitoyens que nous chérissons, nous sera-t-il donné de vous revoir et de vous apporter la victoire et la liberté, en retour des nombreux sacrifices que vous vous imposez pour nous ?.....

31 Décembre 1870. Partis hier au matin de Chalon-sur-Saône, nous sommes arrivés dans la soirée à Dôle, but de notre voyage, non sans avoir été arrêtés à plusieurs reprises par des amas de neige qui encombraient la voie ferrée et empêchaient les trains d'avancer.

Enfin, depuis les quelques heures que nous sommes ici, fatigues, ennuis et privations sont oubliés ; le bien-être est revenu, nous nous trouvons fort bien logés dans une des casernes de la ville, avec de la paille et des vivres en abondance, ce qui est plus qu'il ne faut pour nous rendre heureux et contents.

Le dernier jour de l'année, consacré au repos, n'est cependant ni plus gai ni plus agréable que ceux qui l'ont précédé ; il fait un temps épouvantable, le froid est vif et piquant, la neige ne cesse de tomber, et un vent des plus impétueux nous coupe la figure chaque fois qu'il faut quitter la caserne pour se rendre aux différentes corvées de service. Malgré cela, des troupes de toutes armes continuent à affluer à Dôle ; il en arrive par toutes les routes, et au fur et à mesure que de nouvelles divisions font leur apparition dans la ville, celles qui depuis quelques jours déjà s'y trouvent cantonnées, et qui ont eu le temps de s'y ravitailler, se remettent en marche dans la direction de Besançon. Il règne partout un va-et-vient continuel, une activité extraordinaire : ce ne sont que files interminables de batteries d'artillerie, que fourgons et matériel de toute espèce, encombrant jour et nuit tous les chemins, et n'avançant qu'avec lenteur et au prix d'efforts inouïs, tant la neige et le verglas ont rendu les routes impraticables. Hommes et chevaux souffrent énormément, et les cadavres de mainte bête de trait se détachent par ci par là sur le fond blanc de la neige qui couvre le pavé des rues.

Depuis notre départ de Chalon-sur-Saône, le jour a commencé à se faire pour nous sur l'importance du mouvement que nous exécutons, et, dès notre arrivée à Dôle, nous avons été avertis qu'une nouvelle campagne allait s'ouvrir.

Notre 20ᵉ corps d'armée de la Loire est devenu 20ᵉ corps de l'armée de l'Est, et fait partie d'une armée de 120,000 hommes, munie de 400 pièces de canon, placée sous le commandement en chef du général Bourbaki.

D'après un bruit généralement répandu, notre mission consiste à chasser l'ennemi des environs de Dijon et de Besançon qu'il occupe encore, et de nous avancer sur Belfort pour faire lever le siège de cette importante place forte qui, depuis un mois, soutient héroïquement un bombardement des plus meurtriers. Ce premier résultat une fois atteint, quel rôle serons-nous appelés à jouer, et où nous porteront, sous la conduite du général Bourbaki, les ailes de la victoire ? Nous l'ignorons encore, mais les nouvelles rassurantes qui nous arrivent de toutes parts sur la formation d'une nombreuse armée, alors que toutes nos ressources paraissent épuisées, la belle et forte artillerie dont nous sommes pourvus, les nouveaux corps qu'on organise à Lyon et Marseille, et qui, équipés et armés, doivent sous peu venir grossir notre effectif, ce je ne sais quoi qui enflamme les cœurs et relève le courage lorsqu'il s'agit de reconquérir et de purger de la présence de l'ennemi qui le souille, le lopin de terre qui vous a vu naître, et où l'on a vécu heureux et tranquille, tout ce que nous voyons et ce que nous entendons en un mot, exerce une heureuse influence sur le moral du régiment et nous fait envisager l'avenir avec la plus grande confiance. Nous ne nous dissimulons nullement ce qu'aura de pénible, par un hiver aussi rigoureux que celui que nous subissons, une campagne entreprise dans un pays de montagnes, où nous aurons sans doute de fréquents combats à livrer et à soutenir; mais la difficulté de la tâche à accomplir s'effaçant devant la grandeur du sacrifice que la nation s'est imposé pour tenter un dernier et suprême effort contre l'envahisseur, nous avons bon espoir, et nous sommes tous prêts à marcher en avant de pied ferme et à vendre chèrement notre vie si, contre notre attente, nous devions être aussi malheureux dans l'Est que nous l'avons été sur la Loire!

Depuis quelques jours, du reste, la fortune nous est propice; l'ennemi, averti de notre mouvement offensif, a abandonné ses positions en Bourgogne et bat en retraite sur Belfort et Vesoul. Aussi dès ce soir, en guise de souhait de nouvel-an, on nous communique de la part du général en chef l'ordre suivant:

1re ARMÉE
20e CORPS   ORDRE GÉNÉRAL

« *Officiers, sous-officiers et soldats!*

« Par les froids les plus rigoureux vous venez d'exécuter bien des marches; vous avez beaucoup souffert, mais vous avez bien mérité de la patrie.

« Vous venez de faire évacuer Dijon, quelques nouvelles marches auront sans doute des conséquences aussi favorables; nous attendrons ensuite l'ennemi et nous nous mesurerons avec lui.

« Si nous le battons, comme j'en ai la confiance, vous aurez peut-être contribué à longue distance à faire lever le siège de Paris. De tels résultats ne peuvent être obtenus que par une armée d'élite ; il faut donc que vous ayez une confiance aveugle en vos chefs, et que vos officiers s'occupent constamment de vous, ayant tous présent à l'esprit le titre qui nous suivra dans nos foyers, celui de libérateurs de la patrie !

« En présence du devoir qui nous incombe et pour nous en rendre dignes, qu'aucun de nous n'hésite à faire preuve en toute circonstance du courage et de l'abnégation dont nos pères nous ont donné l'exemple. »

Au grand quartier général.

Chalon-sur-Saône, le 30 décembre 1870.

Le général de division, commandant en chef l'armée,

(Signé) BOURBAKI.

Cette bonne nouvelle nous remet à tous la joie au cœur et, profitant de l'occasion que leur offre leur séjour à Dôle, les sous-officiers du régiment prennent la résolution de fêter la Saint-Sylvestre ; d'enterrer, en la maudissant, la funeste année de 1870, et de saluer à son aurore l'année nouvelle qui doit, chacun aime à le croire, amener un revirement complet dans l'ordre actuel des choses, et mettre un terme aux malheurs et aux revers qui, depuis cinq longs mois, ne cessent continuellement de nous accabler.

Quoique relativement triste, comparée aux joyeuses fêtes qui naguère marquaient pour chacun de nous les dernières heures de l'année, notre réunion n'en est pas moins charmante, et tout le monde retrouve pour quelques instants la bonne humeur, l'entrain et la gaîté qui nous font défaut depuis bien longtemps. Au coup de minuit, on se serre cordialement la main et, avant de se séparer, on boit à nos prochains succès, au triomphe et au relèvement de la patrie.

Puisse la Providence exaucer nos vœux, et ne pas donner raison à ceux de nos hommes qui, rendus fatalistes et incrédules par notre mauvaise fortune, ne cessent de s'écrier :

Le bon Dieu n'est plus Français !

CHAPITRE V.

CAMPAGNE DU GÉNÉRAL BOURBAKI
dans l'Est.

2 Janvier 1871. — Hier notre bataillon a été largement et utilement étrenné par notre bonne ville de Mulhouse, qui a fait don à chaque homme d'une excellente paire de souliers, objet de première nécessité par le temps qui court, et que nous nous sommes adjugé avec la plus vive satisfaction. Puis, vers le soir, est venu le tour de l'administration militaire, qui, elle aussi, a tenu à cœur de nous faire cadeau pour la circonstance de dix paquets de cartouches par individu, plus quelques rations de biscuit, le tout assaisonné d'un ordre très laconique de notre général de division, portant que le 2 janvier, dès l'aube, il faudrait se trouver sous les armes pour dire un adieu définitif à nos casernes, et nous remettre en marche.

Aussi, conformément aux instructions reçues, nous sommes prêts dès 6 heures du matin, et, au jour naissant, notre colonne s'ébranle, traverse la ville et prend la route de Montmirey. Le temps est beau, sec et froid ; la neige est durcie et gelée, ce qui nous permet d'emboîter le pas très gaillardement, malgré la bise qui souffle avec violence et nous coupe le visage ; en sorte que l'étape, quoique passablement longue, s'accomplit sans trop de difficulté, et se termine pour notre bataillon au village de Courchapon, où de braves cultivateurs se disputent l'honneur de nous loger.

3 Janvier 1871. — Nous venons de passer une excellente nuit, et ce matin nous reprenons notre marche qui, il est juste de le constater, s'effectue avec beaucoup d'ordre et de régularité. Ce ne sont plus ces courses au clocher entrecoupées d'innombrables arrêts fatiguant et épuisant les soldats ; ce n'est plus cet embrouillamini d'hommes, de chevaux et de matériel cheminant et s'enchevêtrant sur la même route ; ce n'est plus, en un mot, la confusion qui caractérisait toutes nos marches sur les bords de la Loire. Depuis hier, nos mouvements s'exécutent avec méthode et précision ; chaque brigade, ou pour le moins chaque division, semble suivre un itinéraire spécial, permettant aux hommes d'avancer librement sans courir le risque de voir leur marche entravée par la jonction inopinée et subite de deux corps différents sur un même chemin ; les moments de repos, les pauses, les haltes sont observés strictement et réglementairement, mesure aussi prudente que sage qui nous met à même de franchir chaque jour notre étape sans ressentir trop de fatigue ou de lassitude.

Il faut ajouter aussi que nous traversons un pays fertile, parsemé de nombreux villages enfouis et perdus dans la neige, mais où se pratique généreusement la vieille hospitalité franc-comtoise, et où, malgré les frimas et les dévastations récentes des Prussiens, nous trouvons partout des âmes charitables et compatissantes qui nous offrent à l'envi tous les secours dont nous pouvons avoir besoin.

Quelle différence entre les braves et bonnes gens des environs de Dôle et les paysans grincheux du Berry et du Nivernais, qui nous regardaient comme des envahisseurs et nous traitaient plus mal que leurs bêtes de somme !

A Boulot, où nous arrivons ce soir, nous trouvons chez l'habitant le même empressement à nous bien recevoir que la veille à Courchapon. Je tombe avec ma compagnie sur le dos d'un brave couple qui se met littéralement en quatre pour nous loger aussi confortablement que le permet l'état de la modeste demeure qu'il habite. Les hommes sont abondamment pourvus de paille dans la grange, et les sous-officiers sont invités par la dame de la maison à établir leur dortoir dans la cuisine, auprès de l'âtre, où pétille un bon feu et où, dans une énorme marmite, bout lentement une succulente soupe aux choux.

La maîtresse du logis, une bonne vieille ménagère à la physionomie franche et ouverte, va, vient, cuit, dresse et distribue des aliments à tous les militaires qu'elle rencontre ; le médecin du bataillon ayant vainement cherché un local pour y recevoir les malades en consultation, c'est elle encore qui met à sa disposition sa chambre et son lit ; puis, la nuit venue, quand tout est tranquille et que chacun dort dans la maison et dans la grange, la brave femme vient s'asseoir auprès de nous sur une chaise au coin du feu, et s'assoupit, heureuse de savoir, comme elle nous l'avoue naïvement,

« *que ces pauvres enfants reposent paisiblement à l'abri du froid et de la neige !* »

4 Janvier 1871. — Bien avant que le soleil ne soit levé, nous prenons congé de nos généreux hôtes et nous nous remettons en marche. Nous traversons Cussey où, le 22 octobre, s'est livré le combat pendant lequel nous étions de grand'garde sur les hauteurs de Pouilly-les-Vignes, et nous arrivons vers midi auprès de la petite ville de Rioz, où toute notre division fait halte.

Il paraît que nous nous rapprochons sensiblement de l'ennemi ; partout sur notre passage les paysans nous apprennent que les Prussiens se trouvaient il y a deux jours encore au milieu d'eux, et à Rioz, pendant l'arrêt que nous y faisons, nos généraux s'entourent de toutes sortes de précautions, et de nombreuses grand'gardes sont établies autour du camp. Ma compagnie, entr'autres, a l'avantage d'être postée sur la lisière d'un bois où — avec de la neige jusqu'au-dessus du genou, tandis que les camarades, accroupis autour des feux, dégustent un bon riz — nous veillons à la sécurité générale et nous jeûnons ; ce qui est certainement très lacédémonien, mais fort peu nutritif et agréable ! Cependant notre corvée est de courte durée ; au bout d'une demi-heure les troupes s'ébranlent derechef, on nous enjoint l'ordre de rallier la brigade, et nous avons bientôt atteint notre bataillon, qui finit par s'arrêter au hameau de Maison-Neuve, où nous sommes tous entassés pêle-mêle, état-major et ambulance de Mulhouse compris, dans une vaste ferme qui borde la grande route.

5 Janvier 1871. — Il continue à faire un froid de loup, et c'est avec un sensible plaisir qu'après être restés près d'une heure immobiles sous les armes, nous reprenons notre marche qui pourra devenir fatigante à la longue peut-être, mais qui pour le moment a l'avantage, en nous forçant à nous mouvoir, de ramener la chaleur dans nos membres engourdis.

Tout en cheminant et peu de temps après avoir quitté notre cantonnement, le bruit sourd et confus d'une canonnade lointaine vient soudain frapper nos oreilles. Aussitôt notre brigade s'arrête ; puis abandonnant la route, afin de laisser un libre passage à l'artillerie qui s'avance au grand trot, nous allons, sous les ordres du général Vivenot, prendre sur les champs nos positions de combat en attendant que l'ordre de nous porter en avant et de faire le coup de feu nous soit donné. Rien n'arrive cependant ; le bruit du canon cesse même de se faire entendre, et nos supérieurs étant informés qu'il n'y a pour nous aucun danger à courir, nous permettent de faire bouillir la soupe ; après quoi nous remettons sac au dos, et nous reprenons notre chemin, accompagnés par la neige qui tombe à gros flocons, jusqu'au village d'Authoison, où il est décidé que notre régiment passera la nuit. Mais à peine avons-nous pris possession du cantonnement, que la générale, le boute-selle et le cri : « Aux armes ! » retentissent partout.

« Vite en selle, les autres ! » crie un maréchal-des-logis aux chasseurs qui occupent l'écurie attenant à notre grange.

« Le Haut-Rhin sous les armes, lestement et sans perdre « un instant ! » nous dit à la hâte l'adjudant M.....

« A vos rangs la 4e, et tout de suite ! » s'écrie d'une voix de stentor mon brave capitaine, un vétéran d'Afrique, de Crimée et d'Italie, qui n'aime pas à répéter deux fois ses ordres, et qui entend que l'exécution suive immédiatement le commandement.

En moins de quelques minutes, tout le village est sens dessus dessous, toutes les troupes sont sur pied ; notre brigade s'éloigne la première, et à un kilomètre de l'endroit les trois régiments dont elle se compose, formés en bataille, se développent et étendent leurs lignes sur le côté gauche de la route d'Authoison à Vesoul, tandis que d'autres corps s'échelonnent sur la droite du même chemin ; puis, ensevelis dans les ténèbres, en proie à un froid glacial, les pieds dans la neige, grelottant et battant la semelle pour ne pas geler sur place, nous attendons le retour des détachements qui ont été pousser des reconnaissances dans toutes les directions, afin de se renseigner exactement sur la nature du danger qui nous menace et qui a jeté si inopinément l'alarme dans toute notre division.

Deux mortelles heures se passent ainsi pendant lesquelles, condamnés au silence et à l'immobilité, nous souffrons le martyre : certains hommes, indisposés depuis quelques jours déjà et obligés, malgré cela, de rester à leur poste, sentent leurs extrémités geler et ne peuvent s'empêcher de pousser de sourds grognements, tant est vive la douleur qu'ils ressentent. Depuis quelque temps déjà les cavaliers partis en éclaireurs sont rentrés au village et nous sommes toujours encore sans ordre ; ce qui nous porte à croire qu'il faudra stationner toute la nuit sous les armes, perspective des moins réjouissantes, et à la seule idée de laquelle nous nous sentons frémir !

Entretemps, mon capitaine, qui a bourré sa pipe, fait semblant de la fumer sous prétexte de se réchauffer, et arpente à grands pas le front de bandière de la compagnie, grommelant entre ses dents :

« Mes amis, il est permis de s'asseoir, mais il est défendu « de fumer ; il n'y en a plus que pour vingt-quatre heures « comme cela ; après quoi, avec l'aide de Dieu et la volonté nationale, nous pourrons aller tremper notre biscuit ! »

Le vieux brave a toujours le mot pour rire dans les moments critiques que nous traversons, et il faut lui rendre cette justice, c'est que, malgré ses cinquante ans et ses rhumatismes, il est le premier à se plier aux exigences du métier, supportant sans broncher et sans se plaindre tous les ennuis et tous les déboires de notre malheureuse campagne.

Enfin ! après une bien longue attente, le messager consolateur nous apparaît en la personne d'un cuirassier, qui nous apporte, de la part du général, l'ordre de retourner à nos cantonnements respectifs ; lestement et avec un ensemble admirable nous obéissons au commandement de « demi-tour à gauche » qui se fait entendre sur toute la ligne du bataillon, et au pas de course nous regagnons Authoison, nos gamelles de riz et nos bottes de paille sur lesquelles nous nous étendons avec autant de bonheur et de volupté que s'il s'agissait du plus doux lit de plume !

6 Janvier 1871. — La nuit s'est passée sans le moindre incident, et nous nous réveillons ce matin bien heureux de n'avoir point été inquiétés dans notre sommeil. Il ressort néanmoins de divers renseignements que j'ai pu me procurer, que nos reconnaissances et nos grand'gardes (entr'autres la 5e compagnie de notre bataillon) ont aperçu des vedettes ennemies, et que de part et d'autre l'on a échangé des coups de fusil ; l'alerte d'hier soir était donc pour le moins justifiée, et ce n'est probablement que devant les précautions prises par nos chefs que l'ennemi a jugé prudent de se retirer. Nous sommes en présence de l'armée allemande, une rencontre devient de plus en plus imminente et, selon l'expression de mon capitaine, il faut « astiquer ses armes et se tenir prêt. »

D'Authoison nous nous dirigeons sur Fontenoy en passant par Montbozon ; mais quoique la distance qui sépare la première localité de la seconde ne soit pas considérable, notre étape se fait lentement et péniblement, eu égard aux nombreux arrêts que subit notre marche par suite du mauvais état des chemins qui, encombrés de neige, rendent le passage des voitures et du matériel sinon impossible, du moins fort difficile.

La persistance des grands froids et la neige qui tombe sans relâche gênent énormément tous nos mouvements, et on peut lire sur les fronts soucieux de tous nos généraux combien ils sont alarmés d'un état de choses qui leur fait perdre un temps précieux !

Au moment de notre arrivée à Fontenoy, le général Thornton passant auprès de nous, nous adresse la parole suivant sa coutume :

« D'ici vous pouvez facilement entendre le canon de « Belfort, mes amis du Haut-Rhin ! » nous dit-il. « Prenez « courage, marchez toujours de l'avant, et je vous promets que sous peu nous irons tous ensemble prendre la soupe à Mulhouse chez votre commandant Dollfus ! »

Le général a raison : en prêtant l'oreille, on perçoit dans le lointain, bien loin, il est vrai, les détonations successives et continuelles de grosses pièces d'artillerie. Depuis plus d'un mois, les habitants du village entendent ainsi jour et nuit les coups de canon échangés réciproquement entre la place et les assiégeants.

8 Janvier 1871. — Hier, jour de repos à Fontenoy, ordre a été donné aux hommes de profiter de la circonstance pour se nettoyer, eux, leurs armes et leurs vêtements, et de se tenir prêts à être passés en revue par le colonel, qui, dans l'après-midi, a effectivement minutieusement inspecté tout le régiment.

Le soir, des voitures ont été mises à la disposition des médecins pour procéder à l'évacuation des malades qui se trouvent incapables de marcher à la suite de la colonne ; il en est parti un très grand nombre, la plupart gravement atteints de fluxions de poitrine, de fièvres typhoïdes, de petite vérole et de rhumatismes articulaires.

Mon fourrier, entr'autres, un brave garçon, qui depuis trois jours a toutes les peines du monde à se traîner à la remorque du bataillon, s'est enfin décidé, sur les instances du médecin, à se rendre à l'hôpital. Bien lui en a pris, car pendant la nuit son mal s'est aggravé, et ce matin il lui est impossible de remuer ses membres ; je me vois par conséquent dans la nécessité de le faire enlever de la paille sur laquelle il repose, par quatre vigoureux gaillards, qui, malgré ses cris de douleur, transportent le pauvre jeune homme jusqu'à l'omnibus qui doit le conduire à l'hospice de Besançon !

Rien de nouveau à signaler aujourd'hui, si ce n'est que de Fontenoy nous transportons notre cantonnement de quelques kilomètres en avant sur la droite, dans les fermes de Tressandans, où il est décidé qu'on passera la nuit.

9 Janvier 1871. — Par une brise carabinée, comme dirait un marin, nous quittons nos fermes ce matin, et nous cheminons sous bois dans la neige jusque vers 11 heures. Tout à coup le canon se fait entendre, non plus dans le lointain comme celui de Belfort, mais droit devant nous et à une distance très rapprochée. Aussitôt nous hâtons le pas, nous sortons de la forêt et nous allons rejoindre le 3e régiment de zouaves sur un plateau où il nous a précédé, et où peu à peu vient également se masser en colonne la 3e brigade de notre division.

Nous nous trouvons tout près de la petite ville de Villersexel où l'affaire doit être chaudement engagée, à en juger par les nombreuses détonations d'artillerie et la vive fusillade qu'on perçoit dans cette direction, ainsi que par les obus que nous voyons éclater dans les bois circonvoisins.

Après être restés l'arme au pied pendant près d'une heure, on nous intime l'ordre de nous porter en avant. L'engagement devient de plus en plus sérieux, et une batterie de pièces de quatre vient de s'établir auprès d'une ferme, à peu de distance du plateau que nous avons occupé et que nous abandonnons au pas de course. Notre colonel, à la tête du 1er bataillon, reste de soutien auprès de l'artillerie, tandis que le commandant Dollfus, guidé par le général Vivenot, s'engage sous bois avec notre 4e bataillon. Laissant Villersexel sur la gauche, nous nous dirigeons à travers la forêt du côté de Villers-la-Ville, qui se trouve encore occupé par l'ennemi et d'où il faut à toute force le déloger. Au sortir du bois, nous pénétrons dans une clairière où le bataillon se forme, puis s'avance vers un monticule que couronnent déjà quatre de nos petites pièces de campagne. Toujours au pas de course, enfonçant dans la neige et traversant des ruisseaux où nous avons de l'eau presque jusqu'à la ceinture, nous arrivons enfin aux positions que nous avons ordre d'occuper ; ce sont quelques fermes portant le nom de Magny, derrière lesquelles s'abrite un parc d'artillerie confié à notre garde.

Tandis qu'une de nos compagnies se détache en tirailleurs pour reconnaître le terrain, nos canons ouvrent le feu contre l'ennemi qui, des hauteurs de Villers-la-Ville, riposte avec beaucoup d'ardeur. Les obus arrivent dans notre direction drus comme grêle et, rangés en bataille de la façon dont nous le sommes, nous ne devons le salut de bien de nos hommes qu'à l'absence de la compagnie partie en reconnaissance ; les projectiles se succédant avec une grande rapidité, viennent effectivement tous éclater dans la neige, à quelques pas au plus de nos premières lignes, et il est évident que si le bataillon était au grand complet, la 1re compagnie aurait en moins de rien perdu beaucoup de monde.

Sur ces entrefaites arrivent en courant un bataillon du 3e zouaves et un bataillon de chasseurs à pied, auxquels appartient l'honneur d'enlever Villers-la-Ville aux Prussiens et de les en expulser ; sous le feu des batteries ennemies et sans la moindre hésitation, ces braves s'élancent en avant ; nous les avons bientôt perdus de vue, mais le crépitement de la fusillade ne tarde pas à nous apprendre qu'ils sont aux prises avec les Allemands et que la partie est sérieusement engagée ! La canonnade dure toujours de part et d'autre ;

les projectiles nous arrivent sans solution de continuité, et tout cela continue pour ainsi dire jusqu'à la nuit tombante. Au moment où les ténèbres commencent à nous envelopper, et alors qu'anxieux de connaître le résultat de la journée, nous attendons avec impatience les nouvelles et les ordres de nos chefs, le général Thornton arrive et d'un air souriant nous assure que tout marche bien. Villers-la-Ville a été enlevé par les zouaves et les chasseurs ; Villersexel, quoique défendu pied à pied et avec la plus grande bravoure par les Prussiens, est en train d'être abandonné par eux, et bientôt cette localité sera en notre pouvoir ; tout est donc pour le mieux, la joie règne dans tous les cœurs, l'enthousiasme est général et même si grand, que nous envisageons sans la moindre terreur la nuit que nous allons avoir à passer dans la neige sans feu et sans pain peut-être !

A Villers-la-Ville le calme s'est fait ; nos soldats en ont chassé les Prussiens et s'y sont établis ; à Villersexel, par contre, l'action est encore des plus vives, et tandis que nous nous dirigeons vers le village de Grand-Magny, nous distinguons parfaitement l'incendie qui dévore la petite ville, où se livre encore, malgré la nuit et un froid glacial, un combat corps à corps des plus acharnés.

Ma compagnie est de grand'garde aux avant-postes, sur la route qui de Magny conduit à Villersexel, à un kilomètre et demi environ de ce dernier endroit ; il fait une température sibérienne ; défense nous est faite d'allumer des feux, et, quoique à jeun depuis le matin, il nous est impossible de prendre le plus léger aliment. Nous restons de la sorte pendant près de deux heures, gardant toutes les issues, chemins et sentiers qui mènent dans la direction du lieu du combat, et contemplant au bruit incessant des mitrailleuses et des canons, qui ne ralentissent pas leur feu, les progrès de l'incendie qui dévore Villersexel, et qui, prenant des proportions de plus en grandes, devient un véritable brasier projetant ses lueurs rougeâtres sur toute la campagne environnante. La victoire doit nous appartenir tel que nous le présumons par l'inaction dans laquelle on nous laisse, par les détonations qui, tout en étant très fréquentes, s'éloignent néanmoins sensiblement, et qui plus est, par l'autorisation qui vient de nous être octroyée de faire du feu pour nous réchauffer et cuire la soupe; ordre que nous ne nous faisons pas répéter deux fois et que chacun se hâte de mettre à exécution.

Le poste principal de ma compagnie, placé sous les ordres du capitaine et dont je fais partie, occupe sur la route, tout près du Grand-Magny, une masure abandonnée où nous jouissons de la faculté de nous mettre à l'abri et de préparer notre repas; il se trouve même au fond de l'habitation une chambre à coucher que les propriétaires ont eu soin de déménager avant de le quitter, et dans laquelle il ne reste pour tout ameublement qu'un mauvais poêle de fonte et deux paillasses. Tandis que le brosseur du capitaine cherche à chauffer le poêle et que je me mets en devoir d'aller faire une ronde, je vois entrer dans la maison deux mobiles de la Corse portant dans les bras un de leurs camarades, blessé, qu'ils viennent de trouver dans un fossé, à moitié gelé, et que, saisis de pitié, ils ont ramassé pour le conduire à l'ambulance la plus rapprochée. Emu de compassion à la vue de ce malheureux, transi, grelottant de froid, couvert de sang et de neige, atteint d'une balle dans le genou gauche, qui le met dans l'impossibilité de pouvoir se servir de sa jambe, et prenant en considération la demande que m'adressent ses camarades d'abandonner leur fardeau à mes soins, afin qu'ils puissent rejoindre leur bataillon qui se trouve déjà à quelque distance, je consens à me charger du blessé, et je le fais étendre sur l'une de nos deux paillasses, le plus près possible du feu, le couvrant en même temps de toutes les hardes que je puis trouver autour de moi.

Le malheureux, en proie à une fièvre délirante, pousse des gémissements plaintifs, pleure par instants, et, d'une voix entrecoupée de sanglots, appelle à son secours « sa maman », « la Madone » et d'autres saints encore. Il parle moitié français, moitié corse, et tournant vers moi sa figure bronzée qu'encadrent de beaux cheveux noirs, il me lance des regards suppliants où peuvent se lire toutes les souffrances qu'il endure, et me crie :

« J'ai soif, Monsignor, de l'eau, de l'eau ! » Je fais fondre de la neige, et je lui administre ce breuvage qu'il avale avec une joie féroce ; il m'en demande et m'en redemande si souvent que je me vois forcé de résister à ses supplications et à ses cris, craignant à juste titre, en lui faisant absorber une trop grande quantité d'eau glacée, d'aggraver son état au lieu de l'améliorer.

Eu égard cependant à la gravité de la blessure de mon malade et ne pouvant le soulager en aucune façon, je donne ordre à quelques-uns de mes hommes de préparer une civière, afin de le porter à notre ambulance qui depuis quelque temps déjà fonctionne au village, lorsque, sortant de la maison pour reconnaître un bataillon du 3ᵉ zouaves, j'aperçois, à ma vive satisfaction, l'aide-major de cette troupe qui s'avance vers ma cabane, suivi d'un aumônier.

« Major », dis-je, en m'approchant du médecin, il y a un « blessé dans la chambre ; auriez-vous la bonté de l'aller voir et de me dire ce que j'en dois faire ? »

« Voyons ! » me répond simplement le chirurgien ; et, toujours accompagné du prêtre, il me suit dans la maison. J'ouvre la porte de la chambre où gît le malade ; nous l'apercevons et nous l'entendons qui gémit et pleure toujours ; mais mes deux visiteurs s'arrêtent sur le seuil, se contentent de jeter un regard sur le lit, puis le médecin du corps se tournant vers le médecin de l'âme, lui dit tout tranquillement:

« *Ce n'est pas un des nôtres ; partons !* . . . . . et sans un mot de plus, tous deux s'éloignent à grands pas.

En entendant ces paroles, peindre ma stupéfaction d'abord, mon indignation ensuite, serait chose impossible. Comment ! parce qu'un malheureux qui se meurt n'est pas un zouave, il ne serait pas des nôtres, il n'aurait pas droit au secours et à l'assistance d'un médecin de l'armée ? Il n'est pas possible de professer de telles maximes ; ma conscience d'honnête homme se révolte à la seule pensée qu'on puisse émettre un raisonnement semblable, et cependant, à l'instant même, je viens d'entendre un major de l'armée s'exprimer de la sorte avec un cynisme sans pareil ! Chose incroyable, un Français, un officier, un chirurgien, un homme qui, le jour de la bataille, doit être tout dévouement, tout sacrifice, qui doit se multiplier, pour porter les secours de son art partout où ils peuvent être nécessaires, cet homme, dis-je, je viens de le voir refuser son assistance et ne pas même vouloir s'approcher du lit d'un moribond,

Français comme lui, blessé au service de la patrie ; ce médecin indigne de son nom, je viens de l'entendre dire presque en souriant à l'oreille du prêtre, aussi dégradé que lui, qui l'accompagne, ces mots terribles qui ne s'effaceront jamais de ma mémoire :

« *Ce n'est pas un des nôtres ; partons !*..... »

Ah ! triste aveu à se faire, nous avons dans nos ambulances militaires et autres, à côté d'hommes dévoués et vraiment supérieurs, bien des gens sans cœur, sans science, sans bonne volonté, ressemblant à l'aide-major dont je viens de parler, n'ayant de soins que pour leur infime personnage et ne songeant qu'à leur seul bien-être, sans s'inquiéter des devoirs qu'ils ont à remplir. Partir chaque matin du cantonnement deux ou trois heures après les troupes, s'envelopper dans de chaudes fourrures, fumer d'excellents cigares et prendre place dans les omnibus spécialement destinés aux éclopés et aux malades, qu'on repousse tout naturellement en les traitant de traînards, et en leur disant de suivre la colonne comme ils le pourront ; jeter le désarroi dans la marche des troupes pour se hâter d'arriver à l'étape avant le militaire, et accaparer, avec MM. de l'intendance, chambres, lits, aliments, boisson, en un mot, tout ce que possède et peut fournir la localité où l'on doit s'arrêter, telle est malheureusement l'unique préoccupation de bien des individus attachés aux nombreuses ambulances qui escortent notre armée !

O tempora, ô mores !

....

La nuit se passe sans autre incident digne de remarque ; il fait de plus en plus froid ; les hommes, constamment dans la neige jusqu'aux genoux, ont pieds et jambes gelés, et chaque fois qu'ils descendent de garde, ils viennent s'entasser comme des harengs dans une tonne autour d'un maigre feu qu'ils entretiennent à grand'peine, faute de bois, et qui ne les réchauffe que très imparfaitement.

10 Janvier 1871. — Le jour paraît enfin, et ce n'est pour ainsi dire qu'avec l'aube naissante que le silence se fait du côté de Villersexel, où, à 5 heures du matin encore, on entendait l'artillerie gronder et les mitrailleuses fendre l'air de leurs décharges successives.

Vers 8 heures, ma compagnie quitte son poste et va rejoindre le régiment qui se dirige sur Villers-la-Ville, enlevé la veille aux Prussiens, et dont notre division est appelée à couronner les hauteurs pour empêcher tout retour offensif de la part de l'ennemi, tandis que le gros de l'armée française se porte, soit sur Courchaton, où le général Bourbaki vient d'établir son quartier général, soit sur Vellechevreux, Arcey et autres localités dans le voisinage d'Héricourt.

Toute la journée se passe, pour notre brigade du moins, sur les collines qui entourent Villers-la-Ville; les artilleurs sont à leurs pièces, l'infanterie est rangée en bataille derrière les canons, en un mot, toutes les dispositions pour bien recevoir l'ennemi, s'il se présente, sont prises par le général Clinchant qui nous commande; mais le jour s'écoule sans nous fournir l'occasion de faire usage de nos armes, et, la nuit venue, nous allons trouver à la fois les bottes de paille que les habitants du village doivent avoir préparées à notre intention, et les vivres que l'administration a bien voulu nous réserver sur la demande et les instances réitérées de notre brave commandant d'état-major, M. de Verdière, qui, il faut le dire à sa louange et à son honneur, s'acquitte de ses difficiles fonctions avec un zèle infatigable.

13 Janvier 1871. — Tant en raison du pitoyable état des routes sur lesquelles l'artillerie et les équipages de toute nature avancent très péniblement, qu'à cause de divers mouvements stratégiques que, paraît-il, on est en train d'exécuter, nous n'avons fait dans la matinée du 11 que la petite étape de Villers-la-Ville à Vellechevreux, d'où nous n'avons pas bougé depuis deux jours. Communication nous a été donnée entretemps de l'ordre du jour suivant :

ARMÉE DE L'EST
20ᵉ CORPS   *Soldats du 20ᵉ Corps !*

« La journée d'hier a été pour vous un glorieux succès : vous avez enlevé Villersexel à la baïonnette et vous avez vu votre ennemi fuir devant vous, laissant entre vos mains 500 fusils et de nombreux prisonniers.

« Déjà la France le sait et applaudit à vos efforts.

« Continuez à supporter courageusement les fatigues ; serrez-vous autour du drapeau pour être forts au moment du combat quand il recommencera ; abordez vigoureusement ces barbares ennemis qui insultent nos familles et nos populations désarmées, et nous ne tarderons pas à voir tomber en face de nos baïonnettes leur insolent orgueil. »

Au quartier général de Villargent, le 11 janvier 1871.

Le général de division commandant le 20ᵉ Corps,

(Signé) CLINCHANT.

Le succès de Villersexel, que nous confirme pleinement l'ordre du jour du général qu'on vient de lire, a produit sur l'esprit de tout le monde, et sur le moral de notre régiment en particulier, un excellent effet : nos hommes sont ragaillardis grâce à l'heureux début de notre campagne, et c'est la joie dans le cœur que nous sommes prêts à effectuer toute nos marches, quelque pénibles qu'elles puissent être, tant nous nous estimons heureux de nous rapprocher du pays natal, de cette Alsace que nous brûlons du désir de revoir, non asservie et courbée sous le joug, mais débarrassée de la présence de l'étranger et libérée par nous, ses enfants !

Nous ne sommes pas seuls d'ailleurs à vivre dans une aussi douce espérance; nos parents, nos amis, tous nos concitoyens se berçant du même espoir que nous, s'attendent journellement à nous voir paraître, et afin de soutenir notre courage et de nous mettre à même de supporter vaillamment les rigueurs de la saison, ils nous ont dépêché à la hâte la messagère Catherine, brave femme qui depuis quatre mois se charge du service de la correspondance entre Mulhouse, Belfort et notre régiment, qui nous a successivement suivis dans les Vosges et sur la Loire, et que nous avons retrouvée hier à Vellechevreux accompagnée de toute une cargaison de lettres, de paquets, de dons et d'offrandes de toute nature, qui naturellement ont été les bienvenus, et que nous nous sommes adjugés avec le plus vif empressement.

Ce matin cependant l'ordre du départ est arrivé, et nous quittons notre cantonnement pour nous éloigner dans la direction d'Héricourt ; le temps est beau, le soleil brille, mais sans dégager le moindre atôme de chaleur un tant soit peu perceptible : nous traversons les jolis villages de Scevenans et de Crevans, et après deux heures de marche nous arrivons à Grange-la-Ville, où l'on nous fait faire halte, non pour prendre du repos, mais pour nous apprêter au combat.

L'ennemi occupe en avant de Grange la route de Saulnot par laquelle nous avons à passer, et d'où il faut le déloger. Au bruit sourd du canon de Belfort qui ne cesse de se faire entendre, ne tardent pas à se mêler des détonations partant d'un point bien plus rapproché; la fusillade aussi se met de la partie, et ordre est donné incontinent à nos deux bataillons d'occuper militairement le village de Grange et de se mettre en mesure de le défendre chaudement dans le cas où il serait attaqué. Pelles, pioches et pics sont mis à réquisition par le général, et tandis qu'une partie des hommes s'empare de ces instruments pour créneler les murs des maisons et les garnir de meurtrières, les autres se déploient en tirailleurs dans les champs et les jardinets qui entourent les habitations. Mais au moment où toutes les précautions sont prises pour mettre le village à l'abri d'un coup de main, nous recevons l'ordre de l'abandonner et de nous porter en avant sur un mamelon que couronnent les imposantes ruines du vieux castel féodal de Grange-le-Bourg. En peu d'instants nous sommes arrivés à notre nouveau poste de combat, du haut duquel nous dominons toute la contrée environnante, et d'où il nous est permis d'embrasser le champ de bataille dans toute son étendue.

L'action est engagée à 2 kilomètres au plus de l'endroit où nous nous trouvons, au village de Saulnot qu'occupent les Allemands, dont on aperçoit très nettement les lignes de tirailleurs et les pièces d'artillerie. Nos troupes garnissent toutes les hauteurs avoisinantes, où elles sont déployées en arc de cercle sur un parcours d'au moins 3 kilomètres. A droite sur la montagne, en face des canons prussiens, et plus élevée qu'eux, est établie une batterie de nos pièces de 7 se chargeant par la culasse, qui dirige un feu plongeant bien nourri sur Saulnot et les coteaux occupés par l'ennemi.

La voix du canon gronde seule d'abord des deux côtés ; mais de notre poste d'observation, où, rangés en bataille, nous attendons impatiemment l'ordre d'entrer en lice à notre tour, nous distinguons parfaitement le mouvement tournant exécuté par l'infanterie du 24ᵉ corps, qui, se dirigeant toujours sur la droite, pénètre sous bois, fait tout à coup un oblique à gauche et, au bout d'une demi-heure, débouche presque en face des batteries prussiennes qu'elle attaque par le flanc avec beaucoup d'énergie ; la fusillade est des plus vives, et les tirailleurs ennemis qui accourent de tous côtés au secours de leurs frères d'armes, entretiennent avec nos soldats un feu roulant et consécutif.

Les artilleurs, par contre, redoublent d'efforts et d'attention, et sur le plateau où se trouvent les Allemands, les obus ne tardent pas à tomber en quantité considérable ; la position y devient bientôt insoutenable pour eux, le feu de leurs canons perd de son intensité, finit pas s'éteindre, et peu à peu, l'une après l'autre, toutes leurs pièces, sauf la dernière, dont les chevaux tombent foudroyés par l'explosion d'un projectile, s'éloignent au triple galop dans la direction de Saulnot.

Sur ces entrefaites, nos troupes de l'aile gauche et du centre ont également commencé l'attaque qui, à une heure de l'après-midi, est devenue générale.

Pour nous, qui formons la réserve et qui n'avons absolument rien à craindre au poste qui nous a été confié, l'aspect que présente en ce moment le lieu du combat est saisissant, plein d'intérêt et d'un pittoresque rare. Le temps est toujours superbe et l'atmosphère d'une sérénité parfaite, ce qui nous permet d'embrasser d'un seul coup d'œil l'étendue de 2 à 3 kilomètres qui forme le champ d'action de notre armée. Tout est recouvert de neige, et sur cet immense tapis éclatant de blancheur l'on voit à tout instant surgir, se dresser, s'aligner et se mouvoir les masses noires et confuses de nos nombreux bataillons ; il y en a partout, sur la route, et sur le versant des montagnes aussi bien que sur leurs sommets.

Au premier plan s'étendent les lignes de tirailleurs du 20e corps, plus une batterie d'artillerie et quelques détachements d'infanterie du 24e corps qui, seuls pour ainsi dire, sont engagés dans le combat, et qui, avançant et tirant toujours, gagnent énormément de terrain sur l'ennemi qui se replie, et dont nous apercevons les têtes de colonnes battant en retraite sur la route d'Héricourt.

Au second plan, étagés des deux côtés de la route et sur le versant des collines, rangés en bataille et semblables à des haies vivantes, artilleurs et fantassins sont prêts à prendre part à la lutte et à renforcer leurs camarades au premier signal ; puis enfin tout derrière, occupant l'espace compris entre Villers-sur-Saulnot et Grange-le-Bourg, se trouvent les corps de réserve.

On doit rarement être aussi bien placé que nous le sommes pour assister à toutes les péripéties d'un combat ; aussi n'en perdons-nous absolument rien et suivons-nous d'un œil attentif toutes les évolutions de nos troupes, jusqu'à ce que vers 3 heures, tout étant pour ainsi dire rentré dans le calme, on vienne nous annoncer que Saulnot est tombé en notre pouvoir et que nos armes ont un nouveau succès à enregistrer.

Puissent tous ces avantages partiels aboutir sous les murs de Belfort à une grande et décisive victoire !.....

14 Janvier 1871. — Comme après le combat de Villersexel, nous avons mission aujourd'hui de protéger le défilé de l'artillerie et des ambulances qui suivent l'armée et s'avancent dans la direction d'Héricourt ; cette corvée nous force à rester plusieurs heures immobiles dans la neige et à reprendre notre marche après n'avoir fait qu'une toute petite halte sur la grande place de Saulnot, où, arrivant les derniers, nous n'avons absolument rien trouvé en fait d'aliments.

Près du cimetière, où la veille les Allemands avaient établi leurs batteries, de nombreux cadavres sont étendus sur la neige ; tous ces corps sont gelés et durs comme de la pierre, et à voir les blessures relativement légères dont certains de ces malheureux ont été atteints, on se demande avec effroi si leur mort n'a pas été plutôt le résultat du froid qui les a saisis et engourdis, que la conséquence du coup de feu qui les a frappés ? De plus, chose horrible à constater ! beaucoup de cadavres ont été littéralement dévalisés et dépouillés de leurs vêtements : ils gisent là tout nus sur le sol glacé, et ceux qui, au moment où nous défilons, conservent encore une partie de leur accoutrement, sont visités par quelques misérables sans cœur et dépourvus de pudeur, qui ne se font aucun scrupule d'enlever aux morts n'importe quel objet dont ils savent pouvoir tirer parti.

C'est révoltant à voir !.....

Vers le soir nous arrivons au devant du village de Champey que nous avons ordre d'occuper, mais où se trouvent déjà établis quelques détachements de la division Busserolles du 24e corps; force nous est par conséquent de rebrousser chemin et de venir chercher nos cantonnements auprès de Saulnot, dans un moulin, où notre bataillon passe la nuit.

15 Janvier 1871. — Après une légère distribution de vivres qui nous est faite ce matin, nous remettons le sac au dos, et quittant le moulin de Saulnot, nous reprenons la route de Champey; nous traversons ce village et nous gagnons une forêt où nous nous trouvons à peine engagés que déjà le canon retentit à nos oreilles. Aussitôt nous nous portons rapidement en avant; nous escaladons un mamelon qu'occupent les réserves de l'artillerie, et nous formant en ligne de bataille, nous chargeons les armes; puis l'ordre d'avancer nous ayant été transmis, nous arpentons au pas de gymnastique les champs couverts de neige qui s'étendent à perte de vue au devant de nous, et par monts et par vaux, montant et descendant de nombreuses et interminables côtes, baignés de sueur, malgré les 15 degrés de froid qu'il fait; nous passons successivement auprès de Coisevaux et de Verlans, et nous arrivons enfin à Trémoins où, du haut de la route d'Héricourt qui nous surplombe, un officier d'état-major nous hèle, criant :

« Colonel Dumas, par ordre du général Clinchant vous « êtes prié de vous porter avec le régiment du Haut-Rhin à

« droite de la route, pour servir de colonne de soutien à
« l'artillerie ! »

Nous hissant et nous poussant les uns les autres, nous gravissons le talus à pic au haut duquel serpente la grande route, puis reformant nos rangs, nous nous portons vers le point que nous a désigné le général Clinchant. Arrivés auprès des pièces que nous avons mission de soutenir et qui entretiennent un feu très suivi avec une batterie prussienne établie auprès d'Héricourt, nous nous arrêtons et, l'arme au pied, nous restons près d'une heure à attendre de nouveaux ordres. Le soleil brille dans toute sa splendeur comme le jour du combat de Saulnot, et permet d'apercevoir sur tous les coteaux qui nous avoisinent, les troupes du 20e corps rangées en bataille et occupant des positions très avantageuses ; nos tirailleurs en sont déjà aux prises avec les avant-postes prussiens qui occupent le petit village de Tavey ; les coups de feu retentissent de tous côtés sur notre front de bandière, tandis que quatre à cinq batteries d'artillerie échelonnées sur les crêtes des montagnes vomissent force obus sur Héricourt et le mont Saint-Valbert, où sont établies les redoutes ennemies.

Jusque vers 2 heures après-midi le combat se borne à une canonnade très vive de part et d'autre et à des escarmouches de peu d'importance qui, forçant néanmoins les troupes allemandes à se replier sur la ville, nous permettent de faire un nouveau pas en avant, et de resserrer le demi-cercle que notre corps d'armée forme autour d'Héricourt. Les francs-tireurs alsaciens sont en train de repousser les Prussiens qui se trouvent dans le village de Byans, et le 3e régiment de zouaves, après les avoir également chassés de Tavey, occupe cet endroit et s'y maintient, malgré le feu meurtrier que dirigent sur ce malheureux hameau les nombreuses pièces d'artillerie établies sur les hauteurs du mont Saint-Valbert.

Les avantages partiels que nos troupes ont remportés permettant à nos canons de changer de place et de se rapprocher des positions ennemies, notre batterie cesse son feu, fait demi-tour à droite, et va s'établir sur une éminence qui domine le village de Tavey ; nous suivons ce mouvement, et tandis que, dans l'attente d'ordres ultérieurs, les artilleurs s'arrêtent pour donner à leurs chevaux le temps de souffler, notre colonel nous fait occuper les bois qui nous entourent, où, en fait d'ennemis, nous ne rencontrons qu'un bataillon de mobilisés du Var, qui forme l'extrême gauche du 24e corps et auquel nous nous joignons, complétant de la sorte la jonction de nos deux corps d'armée.

Tout donc semble marcher à souhait : le 20e et le 24e corps se donnent la main, et de Montbéliard à Héricourt nos lignes sont échelonnées et se touchent sans solution de continuité, pour ainsi dire.

Le restant de la journée se passe pour notre brigade dans une inaction complète; seules deux batteries de pièces de 4 continuent à lancer leurs projectiles sur Héricourt, et de temps à autre la fusillade recommence de plus belle dans les environs de Tavey ; mais le tout se borne à de légères escarmouches, et l'on s'aperçoit facilement que le combat n'est pas encore définitivement engagé de notre côté.

Sur la droite, au contraire, les choses semblent se passer tout différemment ; depuis ce matin, la fusillade et le canon n'ont cessé de se faire entendre dans la direction de Montbéliard, et nous tirons de ce roulement continuel de détonations la conséquence toute naturelle que le 24ᵉ corps français et le gros de l'armée allemande doivent se livrer bataille très sérieusement.

A la nuit tombante, les pièces auprès desquelles nous nous trouvons cessent leur feu, et nos chefs prennent des mesures pour établir partout de nombreuses grand'gardes et pour se fortifier dans les diverses positions que nous avons fait évacuer à l'ennemi dans le courant de la journée. Mais l'artillerie allemande, qui semble n'augurer rien de bon de ce calme apparent et qui craint probablement quelque surprise de notre part, ne reste pas oisive et lance des obus dans toutes les directions, principalement dans les bois qu'elle cherche à sonder minutieusement ; les projectiles viennent éclater autour de nous en grand nombre, mais par un heureux hasard personne n'est atteint, et notre colonel peut, sans être inquiété sérieusement, assigner au 1ᵉʳ bataillon de notre régiment, qui doit être de service cette nuit, les divers postes qu'il aura à occuper dans le bois de Tavey, en face des vedettes ennemies.

Les ténèbres nous enveloppant de toutes parts et les dispositions ordonnées par le général ayant été prises, les troupes qui ne sont pas de service obtiennent la permission de bivouaquer dans la forêt et de cuire la soupe ; il est toutefois expressément recommandé de n'allumer que de petits feux, et défense est faite à qui que ce soit de s'éloigner du campement ; les hommes sont tenus de s'asseoir sur leurs sacs, le fusil entre les jambes et prêts à se lever au premier signal. Par un froid glacial, avec de la neige jusqu'aux genoux, passer la nuit à la belle étoile après une journée de fatigue, c'est, il faut l'avouer, fort peu réjouissant ; mais habitués comme nous le sommes depuis un certain temps aux tribulations et aux misères de tous genres, nous nous soumettons à notre sort sans trop de difficulté, nous estimant fort heureux de ne pas être aussi mal partagés que ceux de nos camarades qui, étant de grand'garde, auront à passer toute la nuit l'arme au bras, en observant un profond silence et sans jouir de la faculté de pouvoir se réchauffer auprès d'un feu, quelque imperceptible qu'il pût être !.....

« Faites la soupe, mes enfants », nous a dit le colonel. Notre plus vif désir serait d'obtempérer à cet ordre de notre supérieur, mais nous trouvant dépourvus de tout ce qui est nécessaire à la confection d'un bouillon, la chose ne nous paraît pas facile à exécuter ; en fait de vivres, il ne nous reste, à mes collègues et à moi du moins, qu'un peu de biscuit, de café et de sucre, montant de la distribution qui nous a été faite ce matin au moment de notre départ de Saulnot. Aussi nécessité faisant loi, nous cherchons à tirer des maigres aliments que nous possédons le meilleur parti possible ; la marmite remplie de neige est mise sur le feu, et le liquide une fois bouillant, nous y faisons infuser quelques graines de café, puis émiettant dans la liqueur ainsi obtenue nos bribes de biscuit, nous dévorons avec un appétit vorace ce potage d'un nouveau genre qui, eu égard aux circonstances, est trouvé excellent.....

Quel est, en fin de compte, le résultat de la journée ? Est-il bon ou mauvais pour nous ? Nos armes ont-elles été heureuses, et aurions-nous cette fois un grand et réel succès à enregistrer dans les annales de notre campagne de l'Est ?

Nous ne savons absolument rien de positif sur ce point

capital ; mais s'il est permis d'ajouter foi aux « on-dit » qui circulent, il paraîtrait que notre 20ᵉ corps, sans avoir remporté d'avantage décisif, aurait néanmoins réussi à faire évacuer à l'ennemi plusieurs villages aux environs d'Héricourt et à l'acculer dans cette place où, toujours d'après les bruits qui ont cours, se trouve fortement retranché, dans de nombreuses redoutes établies sur les montagnes avoisinantes, le gros des troupes prussiennes, sous le commandement en chef du général de Werder ! De Montbéliard il nous arrive également de bonnes nouvelles ; on prétend que les Français se sont emparé de la ville, et que le château, dernier refuge des Allemands, ne tient plus que faiblement tête à nos soldats. Une preuve qui vient à l'appui de cette assertion, c'est que, malgré la nuit, les décharges d'artillerie continuent à marcher d'un train d'enfer sur notre droite, circonstance qui nous met en droit de supposer que de ce côté la lutte se poursuit avec un acharnement extraordinaire.

« La journée de demain promet d'être chaude », nous dit notre capitaine qui est venu prendre place au feu des sous-officiers, « et avant que vingt-quatre heures se soient écoulées, le siège de Belfort sera levé ou l'armée française filera un bien mauvais coton ! »

La bataille d'Héricourt gagnée, le siège de Belfort levé et les Allemands en déroute, c'est le plus beau rêve qu'un militaire français puisse faire en ce moment, l'horizon le plus radieux que la Providence puisse ouvrir au cœur et à la pensée d'un Alsacien ! Aussi, malgré le froid intense que nous subissons, je m'étends presque joyeux sur la neige, et cédant à la fatigue qui m'accable, je ne tarde pas à m'endormir, bercé par des songes bien doux de victoire et de délivrance !

16 Janvier 1871. — Dès 6 heures du matin nous sommes sous les armes et nous reprenons nos positions de la veille ; l'artillerie ouvre son feu à la pointe du jour, et la colonne d'attaque, formée par la 3e division du 20e corps, qui hier a été en réserve, débouche de Trémoins, s'avance de notre côté et se dirige sur Tavey en ligne de bataille. Un bataillon de chasseurs à pied et le régiment de la mobile des Deux-Sèvres pénètrent dans le bois où sont établies les grand'gardes de notre brigade, et bientôt l'action s'engage sur toute la ligne de nos tirailleurs. La fusillade est très vive, surtout à Tavey, où les zouaves entretiennent avec l'ennemi un feu des plus nourris ; le canon gronde plus fort de part et d'autre, et le général Thornton qui arrive au galop, nous ordonne de nous tenir prêts à marcher en avant dans un instant.

« Courage, mes amis du Haut-Rhin », nous dit-il, « nos troupes gagnent du terrain et ce soir nous coucherons en ville ».

Les rangs se forment à la hâte, on charge les armes, et le bataillon n'attend plus que le commandement de « Marche ! » pour s'élancer au secours des camarades qui cherchent à culbuter les lignes prussiennes et à s'emparer des faubourgs d'Héricourt.

Une heure, deux heures se passent de la sorte ; nous attendons en vain le cri si ardemment désiré de : « En avant ! », l'appel du clairon sonnant la charge ; rien n'arrive, rien ne se fait entendre, si ce n'est le crépitement de la fusillade qui alternativement s'éloigne et se rapproche, augmente et diminue d'intensité, et finit par se perdre presque complètement.

Pourquoi ce ralentissement, cette interruption dans l'ardeur de la lutte ? Nous l'ignorons, et nous nous perdons en conjectures sur les raisons que peuvent avoir nos chefs de nous laisser inactifs, tandis que tout autour de nous l'on se bat, lorsque tout à coup nous voyons apparaître sur la lisière du bois de nombreux militaires blessés, les uns se dirigeant aussi bien qu'il leur est possible de le faire, du côté des ambulances établies à Aibres et Trémoins, les autres, plus grièvement atteints, portés par leurs camarades. Hélant à leur passage quelques-uns de ces malheureux, nous les questionnons, et nous apprenons avec douleur que l'assaut tenté contre Héricourt n'a pas eu de succès. Repoussant aisément au sortir du bois les avant-postes prussiens, nos soldats, paraît-il, étaient arrivés jusqu'aux bords de la Lisaine; ils allaient même toucher aux faubourgs de la ville, lorsqu'une grêle de balles et des volées de mitraille partant de tous les points de la montagne, étaient venues les assaillir et les décimer; exposés en rase campagne à un feu meurtrier, au nombre de 4 à 5,000 seulement, privés de secours et désespérant d'atteindre le but qu'ils s'étaient proposé, nos malheureux troupiers, pour échapper à une mort certaine, avaient jugé prudent de battre en retraite et de se retirer dans la forêt, sauf à recommencer l'attaque après l'arrivée de renforts qui leur étaient indispensables pour mener à bonne fin l'entreprise qui leur avait été confiée.

Tel est le récit à peu près uniforme que nous font tous les blessés auxquels nous sommes à même de parler, et en présence de ce qu'ils nous rapportent, nous nous demandons avec un étonnement mêlé d'indignation, pourquoi, depuis ce matin, nous restons l'arme au pied à ne rien faire, alors que notre concours eût pu être si précieux aux infortunés qui viennent de se faire hacher pour n'arriver à aucun résultat !

Sur ces entrefaites, le bataillon de chasseurs à pied dont il a été fait mention plus haut, ou du moins ce qu'il en reste, sort du bois de Tavey, remonte la côte et s'éloigne dans la direction de Byans où se trouvent encore les francs-tireurs alsaciens qui, eux aussi, apprenons-nous, ont subi des pertes sensibles. La messagère Catherine, qui depuis Vellechevreux ne nous a pas quittés, m'annonce en effet qu'on vient d'amener à l'ambulance de Trémoins mon ami d'enfance, le franc-tireur Z....., blessé à la cuisse, en compagnie de plusieurs autres de ses camarades.

Tristes, affreusement tristes sont les nouvelles qui nous parviennent coup sur coup : échec devant Héricourt ; non-arrivée du 18ᵉ corps qui doit opérer sa jonction avec l'aile gauche de notre 20ᵉ corps, et qu'on attend vainement depuis deux jours ; situation douteuse à Montbéliard où l'on se bat toujours à outrance, mais dont le château est encore au pouvoir de l'ennemi, — tel est le bilan des nouvelles de la journée. Notre horizon, si radieux hier encore, s'assombrit de plus en plus, et pour ma part, l'inaction dans laquelle on laisse notre régiment, l'insuccès de l'attaque que viennent de tenter les troupes de notre corps d'armée, la mollesse qui semble se manifester dans le tir de notre artillerie, le manque de vivres qui commence généralement à se faire sentir, toutes ces choses me suggèrent de pénibles réflexions !

Faudra-t-il, comme dans les Vosges et sur la Loire, finir par battre en retraite ?.....

Vers le soir, notre 1ᵉʳ bataillon, qui a fait partie de la colonne d'assaut lancée contre Héricourt, et qui a battu en retraite assez précipitamment et avec très peu d'ordre, vient nous rallier compagnie par compagnie ; nous retournons tous ensemble au bivouac de la veille, où malheureusement, faute de nouvelles distributions de vivres, nous n'avons ni soupe, ni café à faire bouillir ; trop heureux ceux qui, dans le fond de leur sac, ont conservé quelques miettes de biscuit qu'ils font tremper dans de l'eau de neige, et qu'ils avalent avec l'appétit de gens qui depuis 7 heures du matin n'ont pris aucun aliment. Nos officiers, nos généraux même, ne sont pas logés à bien meilleure enseigne que nous ; les généraux Thornton et Vivenot se trouvent au milieu de nous, et se réchauffent, en compagnie du commandant Dollfus et du colonel Dumas, auprès d'un feu aussi mesquin que les nôtres ; de plus, ces messieurs sont loin de faire bonne chère, autant du moins que je puis en juger par le modeste repas qu'on leur sert.

Par continuation il fait terriblement froid, et ne me sentant aucune disposition à dormir debout comme le font plusieurs de mes camarades, je passe mon temps à courir d'un feu de bivouac à l'autre, cherchant à obtenir quelques vagues renseignements sur ce qui s'est passé depuis deux jours, et sur la situation dans laquelle nous nous trouvons en ce moment. Je rends visite de la sorte à un certain nombre d'officiers de ma connaissance, et partout, suivant l'expression consacrée, je n'entends parler que de malheur !

Le 18ᵉ corps, paraît-il, n'est toujours pas arrivé, et l'on

prétend qu'il a eu maille à partir avec l'armée du général Manteuffel, qui, forte de 40,000 hommes, arrive au secours du général de Werder; le même Manteuffel, assure-t-on, a culbuté les lignes de Garibaldi, menace nos derrières, et va sous peu nous couper toute communication avec Mâcon et Lyon, d'où notre armée tire tous ses approvisionnements. On affirme de plus que notre artillerie commence déjà à manquer de munitions et que bon nombre de pièces ne peuvent rendre aucun service, faute de chevaux pour les traîner et les manœuvrer !

Tous ces bruits ne reposent, à vrai dire, que sur des données très vagues, sur des « on-dit » qui circulent de bouche en bouche, et dont on ignore la véritable origine ; mais il y a dans l'air de tristesse répandu sur le visage de nos chefs, dans l'inaction à laquelle nous sommes voués depuis deux grands jours, quelque chose de sinistre et qui ne présage rien de bon.

Le docteur Lothammer que je rencontre auprès de mon capitaine, et qui vient d'arriver des ambulances, où il a été faire une tournée, nous apporte et nous donne comme certaine une nouvelle qui, hélas ! n'est que trop significative. Ordre est arrivé dans la soirée à toutes les ambulances établies à Aibre et Trémoins et dans les villages circonvoisins, de faire leurs préparatifs de départ, de manière à pouvoir évacuer leurs malades et leur matériel demain dès l'aube; cacolets et voitures sont prêts, et cette nuit même, paraît-il, partira un premier convoi de blessés pour Saulnot !

En présence de faits aussi navrants, tout espoir de réussite, toute chance de succès en faveur du projet de notre général en chef s'est évanoui pour moi, et si, tel qu'on le prétend, notre armée est réellement tournée par les troupes du général Manteuffel, je me représente Besançon — notre point de ralliement forcé en cas de retraite — comme étant appelé à jouer le rôle d'un second Sedan, où l'armée de Bourbaki, à l'exemple de celle de Mac-Mahon, livrera à l'ennemi un combat désespéré et capitulera forcément, faute de vivres et de munitions pour pouvoir prolonger la lutte !

17 Janvier 1871. — Il fait jour enfin, mais le temps est brumeux et une pluie fine commence à tomber ; bientôt nos vêtements sont mouillés de part en part, et nos pieds, qui enfoncent dans un mélange de boue et de neige fondante, sont à moitié gelés ! Comme les jours précédents, nous restons sous les armes pendant toute la matinée sans coup férir ; ce qui, depuis le 15 à midi, porte à quarante-huit le nombre d'heures que nous sommes à ne rien faire, et dans l'espace desquelles nous n'avons pas gagné un pouce de terrain !

Les deux batteries d'artillerie établies auprès de nous continuent à diriger leurs projectiles sur les travaux de l'ennemi, mais leur tir s'est considérablement ralenti, et je m'aperçois avec effroi que sur douze pièces il n'y en a que six qui fonctionnent régulièrement ! De plus, une compagnie de travailleurs du génie est venue nous rejoindre, et masqués derrière un massif de buissons, les hommes, armés de pelles et de pioches, se mettent en devoir de couper la route qui de Trémoins conduit à Héricourt, travail qui se passe de tout commentaire et qui, hélas ! ne présage rien de bon. Vers midi, notre tour de monter la grand'garde étant arrivé, le bataillon se met en devoir d'aller remplacer les zouaves dans le bois de Tavey. Il pleut toujours et le dégel marche bon train ; trempés jusqu'aux os, nous nous rendons à nos postes respectifs, non sans essuyer au préalable de la part des sentinelles prussiennes, qui semblent se douter du mouvement que nous opérons, plusieurs décharges accompagnées d'une demi-douzaine d'obus qui viennent éclater au milieu de nous, mais heureusement sans blesser personne.

A la tombée de la nuit les différents postes devant être renforcés, je place des factionnaires jusqu'à la lisière du bois, à 200 mètres au plus des grand'gardes ennemies ; puis de retour à ma compagnie, mon capitaine me transmet l'ordre suivant émané du général en chef que le commandant vient de lui communiquer verbalement, et dont voici en somme la substance :

« Il est défendu de faire le moindre bruit et d'allumer des feux ; MM. les officiers sont même priés de ne pas fumer, afin de ne pas éveiller l'attention de l'ennemi.

« Une attaque générale de la part des troupes françaises aura lieu dans le courant de la nuit ; quatre décharges successives de mitrailleuses partant de la droite serviront de signal ; la fusillade commencera aussitôt. Le 4e bataillon du Haut-Rhin restera à son poste et, jusqu'à contre-ordre, tirera droit devant lui, en l'air même, sauf à brûler le plus de cartouches possible, de manière à faire croire à l'ennemi qu'on l'attaque en force de ce côté. Pendant ce temps, l'aile droite et l'aile gauche de l'armée tenteront, à la faveur de la nuit, l'assaut de la place d'Héricourt ».

Cet ordre énergique, contrastant singulièrement avec les bruits qui circulent sur la situation précaire et désespérée dans laquelle doit se trouver l'armée française, vient à point pour ranimer notre ardeur chancelante ; nous reprenons courage, et quoique, suivant le plan adopté par le général, notre brigade doive supporter pendant quelque temps le gros du feu des Prussiens, nous n'en applaudissons pas moins, mes officiers et moi, à la résolution que viennent de prendre nos supérieurs. C'est, après deux jours d'infructueux efforts, le seul moyen qui puisse encore nous offrir quelque chance de succès; il faut tenter un coup de main habile et décisif, sacrifier, le cas échéant, une masse des nôtres, mais enlever la position, refouler l'ennemi sous le canon de Belfort, et le forcer à lever le siège de cette place !

Avec une émotion qui se peut aisément comprendre, nous attendons le signal convenu. Les heures s'écoulent lentement; la fusillade et le grondement du canon retentissent toujours, quoique avec moins de force que les jours précédents, dans la direction de Montbéliard, mais les quatre décharges qui doivent décider du sort de notre bataillon se font vainement attendre. Il fait nuit close; la pluie a cessé de tomber, un vent glacial souffle avec violence ; nos vêtements, tout à l'heure saturés d'eau et de neige, gèlent et se durcissent au contact du froid auquel nous sommes exposés; en un mot, réduits comme nous le sommes à une immobilité complète, nous souffrons horriblement.

Bientôt le silence se fait de tous côtés ; les hostilités paraissent être momentanément suspendues, et partout sur les montagnes et dans les bois qui s'étendent autour d'Héricourt, on voit briller les feux des bivouacs allemands. Tandis que nous soufflons dans nos doigts et que nous battons la semelle pour préserver nos membres d'un engourdissement général et complet, la flamme pétille aux avant-postes prussiens, et nous apercevons distinctement nos ennemis qui se réchauffent ; nous les entendons même converser entre eux, et dans le cours d'une tournée que je fais auprès de nos sentinelles les plus avancées, prêtant une oreille attentive aux bruits qui partent du camp opposé, je perçois très nettement ces mots :

« *Hans, ist der Kaffee gekocht ?*..... »

Quelles tristes réflexions doivent se faire la plupart de nos hommes qui grelottent de froid et n'ont rien mangé depuis douze heures, alors qu'en face d'eux les Allemands jouissent de tout le confort que peut rêver un militaire en campagne !

La nuit, nuit terrible s'il en fût jamais, se passe sans que rien vienne en troubler le silence, si ce ne sont toutefois les plaintes et les gémissements de trois ou quatre de mes hommes qui, saisis par le froid, ont les pieds gelés et viennent en pleurant implorer mon secours, tant est vive la douleur qu'ils ressentent. Il n'est malheureusement pas en mon pouvoir de leur venir en aide ; le docteur du bataillon est auprès du colonel, à un kilomètre de l'endroit où se trouve notre compagnie, et comme il y a défense expresse de s'absenter de son poste, et qu'en errant de par le bois on s'exposerait à attraper une balle et à mettre toute la brigade en alerte, je me vois forcé de rester sourd aux prières de ces infortunés, et de leur promettre pour toute consolation, qu'aussitôt le jour venu, je les ferai conduire à l'ambulance la plus rapprochée.

18 Janvier 1871. — Les ténèbres se sont dissipées ; le jour commence à poindre, mais les fameuses décharges de mitrailleuses ne se sont point encore fait entendre ; par contre le combat recommence un peu partout, quoique très mollement. De notre côté, une batterie seulement fait feu sur Héricourt, et de temps en temps quelques coups de fusil sont échangés entre les tirailleurs du 3ᵉ zouaves et les éclaireurs ennemis. Tandis que notre tir se ralentit, l'artillerie prussienne active le sien, et lance force obus tant sur nos pièces que sur le pauvre village de Tavey qui tombe en ruines, et où nos troupes ont bien de la peine à se maintenir sous la pluie de fer qui les accable.

Quant à nous, nous ne sommes nullement inquiétés, et pendant que les projectiles sillonnent l'air en tous sens au-dessus de nos têtes, notre commandant procède à une distribution de viande fraîche qui est la bienvenue, et que nous accueillons avec enthousiasme. Vers midi notre corvée touche à sa fin; les zouaves viennent nous relever de notre poste et nous retournons au bivouac des jours précédents, où, après vingt-quatre heures d'un jeûne absolu, nous ne nous faisons pas répéter deux fois l'ordre de mettre la marmite sur le feu!

Dans la soirée, le général Vivenot nous apporte une excellente nouvelle; nous devons être cantonnés cette nuit, et qui plus est, si rien d'extraordinaire ne survient, nous jouirons demain d'un jour de repos pour nous remettre de nos veilles et de nos fatigues! La promesse du général, quelque incroyable qu'elle nous ait paru d'abord, ne tarde pas cependant à se réaliser, et à la brume, abandonnant nos positions à la garde de troupes fraîchement arrivées, nous quittons les champs de neige où nous nous trouvons depuis quatre jours et qui actuellement sont transformés en vrais lacs fangeux, pour nous rendre au village d'Aibre, où, logés chez l'habitant, nous ne nous sentons plus de joie à la vue des belles granges où il nous sera permis de reposer en toute tranquillité pendant quelques heures. Une fois en possession de son cantonnement et débarrassé de son fourniment, chacun se met incontinent à l'œuvre ; en moins de rien les cuisines sont installées le long de la route, le feu pétille, et nous nous apprêtons tous à faire un repas aussi succulent que le permettent les circonstances et la nature de nos approvisionnements. Pour moi, après avoir dégusté une délicieuse soupe au lait due à la munificence de mon hôte, je vais retrouver ma couchette, et m'étendant avec volupté sur une botte de paille, je ne tarde pas à m'endormir d'un profond sommeil.

19 Janvier 1871. — De bon matin je suis éveillé en sursaut par la voix impérative de l'adjudant du bataillon, qui s'écrie :

— Le major de la 4e ?

— Voilà ! mon lieutenant.

— Approchez que je vous donne connaissance d'un ordre !

Je m'élance à bas de mon grenier à foin et je vais recevoir communication de l'ordre, qui enjoint au bataillon de se trouver sous les armes et prêt à partir à 6 heures précises !

A l'heure indiquée, tous les hommes sont sur pied et quoiqu'à contre-cœur, en raison des promesses formulées hier par le général et qui nous faisaient entrevoir un jour de repos, nous sommes prêts, soit à nous battre, soit à nous remettre en marche.

La route est encombrée de pièces de canon qui, à notre grand étonnement, viennent d'Héricourt et semblent s'éloigner dans la direction de l'Isle-sur-le-Doubs ; le dernier caisson n'a pas plutôt dépassé la tête de notre colonne, que le commandement de « Par le flanc gauche ! » retentit aussitôt et vient mettre fin à l'incertitude dans laquelle nous nous trouvons au sujet du mouvement que doit effectuer le régiment. Le mystère est éclairci désormais; nous tournons le dos au champ de bataille; Héricourt est abandonné, et l'armée de l'Est, après quatre jours de combats malheureux, bat définitivement en retraite ! ! !

Oui, nous battons en retraite et très précipitamment encore, car la 7e compagnie de notre bataillon est détachée par le colonel pour inspecter minutieusement toutes les maisons du village et en faire partir les militaires valides qui s'y trouvent; l'ennemi doit nous serrer de près à en juger par les mesures que prennent nos supérieurs pour garantir d'une attaque imprévue ou subite nos colonnes et notre matériel. Au fur et à mesure qu'une brigade s'ébranle, un ou deux bataillons, les armes chargées, s'échelonnent des deux côtés de la route, font «face à l'ennemi», et veillent à ce que la retraite ne soit pas inquiétée par les Prussiens, dont les éclaireurs rôdent à fort peu de distance de nos arrière-gardes.

Nous cheminons de la sorte pendant toute la matinée avec beaucoup d'ordre, mais en observant un silence profond. On n'entend plus partir des rangs de notre régiment ces chants, ces éclats de rire, ces refrains joyeux qui ont été jusqu'à présent le passe-temps favori, le complément habituel de nos longues et pénibles étapes, et qui toujours nous ont fait emboîter le pas gaîment et hardiment, malgré la fatigue; tous les fronts sont soucieux, tous les visages sont consternés, et on peut lire dans le regard de chaque homme ce qui lui cause d'angoisse et de chagrin le nouveau revers que nous venons d'essuyer ! Accourir des bords de la Loire au secours de notre malheureuse province avec l'espoir de délivrer nos foyers du joug de l'oppresseur ; débuter dans l'Est par quelques succès partiels, surmonter tour à tour le froid, la fatigue, la faim ; faire des efforts surhumains pour culbuter l'ennemi et finalement succomber après plusieurs jours de combats infructueux, c'est, il faut l'avouer, une déception par trop cruelle pour que nos cœurs n'en soient pas brisés de douleur ! ! ! . . . . .

. . . .

Passant successivement par Desandans et Arcey, d'où, il y a huit jours à peine, nos troupes victorieuses ont chassé les Prussiens, notre colonne arrive dans la soirée à Courchaton, où notre brigade devrait être cantonnée, mais où toutes les places sont déjà prises par l'état-major du général Bourbaki et les divisions qui nous ont précédées ; nous poussons donc jusqu'au village de Grammont, où, après une journée de marche dans la montagne, nous sommes fort aises de trouver des granges pour passer la nuit.

20 Janvier 1871. — Il neige à gros flocons, et tandis que, l'arme au pied, nous attendons que notre tour d'emboîter le pas soit arrivé, nous voyons passer, suant, soufflant, maigres, décharnés et tremblant de tout leur corps, les chevaux de notre train d'artillerie ; les pauvres bêtes sont à bout de forces et font d'héroïques mais vains efforts, pour traîner par de mauvais chemins, raides, escarpés et couverts de plus d'un pied de neige, les pièces de canon et les fourgons auxquels elles sont attelées. A tout moment l'un de ces animaux, exténué de fatigue, s'abat lourdement sur le flanc ; le conducteur se borne à couper les traits qui relient la bête au reste de l'attelage, et sans autre forme de procès, on passe outre en s'aidant de son mieux ; les hommes s'attellent eux-mêmes aux roues des voitures et tout le monde pousse, car il ne s'agit pas de perdre de temps si l'on ne veut pas que tout notre matériel tombe entre les mains de l'ennemi.

Un lieutenant de mes amis, de service à l'intendance depuis un mois, que j'ai l'occasion de voir et auquel je demande quelques renseignements sur la position de notre armée, me la dépeint sous les plus sombres couleurs. Nous battons en retraite de la façon la plus lamentable ; la plupart des troupes marchent sans ordre, et faute d'instructions suffisantes, se trompent de route, suivent un itinéraire qui n'est pas le leur et se rencontrent avec d'autres colonnes qu'elles arrêtent naturellement dans leur marche, ce qui occasionne un désarroi, un désordre et une perte de temps considérables. L'intendance elle-même ne sait plus ce qu'elle fait ; les officiers supérieurs semblent avoir tous perdu la tête, et mon ami qui se trouve à Grammont, où il est arrivé de sa propre initiative en cherchant toujours à suivre la direction prise par notre division, au service de laquelle il est attaché, ne sait pas actuellement encore quel chemin il doit faire prendre aux voitures qu'il a mission d'escorter ! Voilà où nous en sommes réduits, et cela avec l'ennemi à nos trousses !

Nous quittons enfin Grammont ; nous courons par monts et par vaux tout le jour, et nous arrivons le soir au village de Montmartin, situé sur le haut d'une colline assez escarpée, et où nous sommes littéralement parqués (on ne peut dire cantonnés) comme un troupeau de bêtes, les uns sur les autres, dans les dépendances d'un couvent de femmes qui, comme de coutume dans ce genre d'établissements charitables, chantent misère et prétendent n'avoir absolument rien à nous offrir. Aussi les vivres faisant défaut, il faut, comme à Héricourt, se contenter d'un morceau de biscuit et de quelques graines de café noyées dans un bidon d'eau.

Une dépêche du gouvernement de Tours, actuellement transféré à Bordeaux, placardée sur les murs du village, nous apprend que les premiers obus prussiens sont tombés dans Paris, et qu'ils y ont occasionné la mort de bon nombre de personnes ! Paris bombardé, l'armée de l'Est en pleine déroute, les Allemands occupant tout notre territoire depuis le Rhin et les Ardennes jusqu'au delà de la Loire, telles sont, au 20 janvier 1871, les données sur lesquelles nous pouvons établir la triste situation de notre malheureuse patrie !

21 Janvier 1871. — Nous ne faisons aujourd'hui qu'une petite étape, et nous nous rendons de Montmartin à Villers-Grelot, où l'on nous fait une distribution de vivres qui s'accomplit d'une façon toute particulière en ce sens, qu'il y a manque général d'officiers pour commander les corvées. En effet, les grands froids auxquels nous sommes en butte depuis une quinzaine de jours, ont occasionné beaucoup de maladies et forcé bon nombre d'officiers de quitter leur corps pour se rendre dans les hôpitaux ; notre régiment, que je citerai comme un exemple entre dix, compte douze à quinze officiers manquants, et parmi ceux qui sont présents, il s'en trouve encore quelques-uns qui sont assez souffrants pour ne pas pouvoir s'acquitter de leur service, qui incombe par conséquent aux sous-officiers. Les rangs de nos officiers supérieurs sont également clairsemés, et l'intendance surtout manque de fonctionnaires, au point qu'en allant toucher les provisions qui sont dues à ma compagnie, c'est des mains mêmes du général Thornton que je reçois sel, sucre, lard et biscuit, tous mes vivres en un mot.

22 Janvier 1871. - Nous abandonnons Villers-Grelot par une pluie battante; nous franchissons 15 kilomètres dans la matinée et nous arrivons à Marchaux, où un demi-jour de repos nous est accordé.

C'est pour la seconde fois depuis l'ouverture de la campagne que notre régiment traverse ce village, chaque fois battant en retraite et fuyant devant l'ennemi; la première fois, en octobre dernier, nous ne fîmes ici qu'une halte de quelques instants. Notre armée était loin de présenter alors le coup d'œil navrant qu'elle offre en ce moment, car il faut le dire à la louange du général Cambriels, la retraite des 20,000 hommes de l'armée des Vosges fut maîtrement conduite, et s'opéra avec un ordre et une célérité dignes d'éloges, si l'on tient compte surtout des troupes que le général avait sous ses ordres, et qui se composaient presque exclusivement de conscrits et de gardes mobiles.

Aujourd'hui les choses revêtent un tout autre aspect, et du seuil de l'habitation où, par ordre du colonel, je viens de planter mes dieux-lares, j'assiste au plus triste spectacle qu'il puisse être donné à un Français de contempler.

Il fait un temps horrible; la pluie tombe à torrents, et sur la route boueuse passent les débris de ce qu'il y a quinze jours encore on appelait pompeusement l'armée de l'Est. Sont-ce bien là les restes d'une armée de 100,000 hommes *parfaitement armés et équipés*, suivant l'expression gouvernementale, que je vois défiler devant moi, ou suis-je le jouet de quelque étrange hallucination ? Hélas ! non ; je suis bien éveillé, ce n'est point un rêve, mais la réalité qui m'apparaît dans tout ce qu'elle a de plus affreux et de plus poignant.

Artillerie, cavalerie, fantassins, mobiles et franc-tireurs, le tout pêle-mêle et en désordre, mouillé, trempé, crotté, cherche à se frayer un passage à travers les véhicules de tous genres qui encombrent la route ; il n'y a plus de commandement possible ; les rangs sont rompus et entremêlés ; des militaires de toute arme marchent côte à côte et cheminent à l'avenant comme faire se peut ; tout ce monde est sale, déguenillé, misérable dans toute l'acception du mot.

J'aperçois entr'autres de pauvres moblots du 15e corps, au teint hâve et flétri, mourant de faim et de fatigue, n'ayant pour tout vêtement qu'un pantalon de toile en lambeaux et une blouse de cotonnade bleue, et qui, trempés par la pluie, vont de porte en porte demander soit un morceau de pain, soit un vieux manteau dont ils puissent s'affubler, soit une place au foyer où pendant quelques instants ils aient le loisir de se réchauffer. Malheureusement pour eux le village est bondé de troupes, et malgré le bon vouloir des habitants, il ne leur est pas possible de venir en aide à tous les infortunés qui passent, et dont la plupart s'éloignent sans obtenir les secours dont ils auraient un si pressant besoin.

De temps en temps et par bandes isolées, au fur et à mesure qu'une colonne, ou ce qui du moins en fut une jadis, a passé, je vois arriver, se traînant misérablement à la suite de leur corps d'armée, et faisant des efforts inouïs pour ne pas rester en route et tomber entre les mains de l'ennemi, les éclopés et les blessés que, faute de cacolets et de voitures, on n'a pu transporter dans les hôpitaux.

Ces malheureux, privés de soins, sans linge pour panser leurs plaies, doivent horriblement souffrir ; presque tous sont en outre dépourvus de chaussures, et marchent pieds nus ou à peu près ; leurs vêtements sont en loques ; ils ont froid, ils ont faim, la fièvre les tourmente, et la compassion qu'ils inspirent est si grande que les braves habitants de Marchaux, malgré toutes les charges qui pèsent déjà sur eux, ne peuvent s'empêcher de les recueillir et de les soigner.

Puis voici venir les équipages et le train d'artillerie de notre division ; les hommes de la 2e compagnie de notre bataillon, qui servent d'escorte au convoi de vivres, sont mouillés jusqu'aux os ; mais grâce à la sollicitude dont nous sommes l'objet de la part de nos concitoyens de Mulhouse depuis le début de la campagne, ils sont relativement bien vêtus et bien chaussés, et leur aspect n'a rien qui excite la pitié. On les plaint, et avec raison, d'avoir à fournir une étape par le temps atroce qu'il fait en ce moment, mais on s'apitoie beaucoup moins sur leur sort que sur celui des milliers de pauvres diables manquant de tout, qui sans interruption traversent le village.

Et nos chevaux, notre matériel, nos approvisionnements, dans quel piteux état ils se trouvent ! Ce qui reste de nos attelages se compose de bêtes poussives, maigres, demi-mortes, que, malgré tous leurs efforts, les conducteurs ont bien de la peine à faire avancer ; quant aux voitures qui transportent nos vivres, elles sont, comme de coutume, dépourvues de bâches, et sel, sucre, café, riz, biscuit, le tout détrempé par la pluie et la neige, fondant, moisissant, abîmé à tout jamais, s'y étale sens dessus dessous dans un désordre qui est loin d'être un effet de l'art !.....

Ah ! le souvenir de cette néfaste journée ne s'effacera jamais de ma mémoire, et je verrai toujours la douleur muette du commandant R... de notre 1er bataillon qui, assistant à mes côtés au triste défilé que je viens d'esquisser, n'a pu maîtriser son émotion, et s'est écrié à plusieurs reprises d'une voix entrecoupée de sanglots :

« Pauvre France, pauvre patrie !..... »

La nuit tombe sur ces entrefaites ; je soupe et, le cœur gros, je vais m'étendre sur la paille où je m'endors bientôt, non sans avoir préalablement fait verrouiller la porte de la chambre que j'occupe avec mes camarades, afin de ne pas être dérangé à tout instant par les traînards qui passent sans discontinuer et frappent à toutes les portes qui se trouvent sur leur chemin.

Le malheur rend égoïste et parfois cruel ; nous sommes à notre aise, peu nous importent les autres alors ! Chacun pour soi et Dieu pour tous ! telle est la grande et invariable maxime du soldat en campagne, surtout lorsque chaque jour, comme c'est le cas pour nous, lui réserve de nouvelles tribulations !

23 Janvier 1871. — Nous nous rendons aujourd'hui de Marchaux au village de Miserey, où nous arrivons le soir, après avoir fait dans les bois et par des sentiers presque impraticables, une marche des plus longues et des plus fatigantes.

Au moment de la grande halte, j'ai pris congé de mon capitaine, qui, accablé de rhumatismes, ne pouvant plus nous suivre, s'est rendu à l'hôpital de Besançon pour s'y faire soigner, en compagnie du docteur Lothammer, également malade. C'est en proie à une émotion profonde que j'ai serré la main de mon supérieur qui, malgré ses 50 ans et ses 30 ans de services militaires, a partout et toujours marché à la tête de sa compagnie, combattu et souffert avec elle, et dont en mainte circonstance l'expérience, la droiture et la loyauté de caractère nous ont été à tous d'une grande utilité. Notre compagnie fait en lui une grande perte, car personne ne pourra le remplacer auprès de nous, et avec les douleurs dont il est atteint, nous avons peu de chances de le voir revenir parmi nous, quelque longue d'ailleurs que puisse encore être notre campagne.

Quant à l'ami Lothammer, je me suis contenté de lui dire « Au revoir » ; il se propose, en effet, de ne pas rester longtemps à l'ambulance, et il m'a donné l'assurance qu'après avoir pris quelques jours de repos qui lui sont indispensables, il se hâtera de rejoindre le bataillon, et reviendra, comme par le passé, « faire la popote avec les officiers de la 4e ! »[1]

---

[1] Pauvre garçon ! C'étaient les dernières paroles que je devais entendre sortir de sa bouche, car il ne me fut plus donné de le revoir. Convalescent après quelques semaines de soins et de repos, Lothammer, trop peu soucieux de sa santé, se remit à l'œuvre et alla visiter les malades dont Besançon, à cette époque, était infesté. Au bout de quelques jours de service, son état empira ; de convalescent qu'il était, il retomba gravement malade, et il mourut enfin du typhus après d'horribles souffrances.

Qu'il dorme en paix, ce brave et noble ami, qui pendant toute la durée de la campagne et aussi longtemps que ses forces le lui ont permis, a toujours loyalement et consciencieusement rempli son devoir. Beaune-la-Rolande et Villersexel, où il passa les nuits à amputer et à soulager les malheureux qu'on ne cessait de lui apporter, sont les titres de gloire de

A Miserey, les habitants nous reçoivent en général d'assez mauvaise grâce, et c'est à grand'peine qu'ils consentent à nous donner contre rétribution les vivres dont nous avons besoin, et qui ne leur font aucunement défaut.

26 Janvier 1871. Des deux jours que nous venons de passer à Miserey, l'un a été consacré au repos, l'autre au service de la grand'garde, dont nous sommes relevés ce matin après être restés pendant dix-huit heures perdus dans les bois et les rocailles. Un officier d'état-major étant venu nous apporter l'ordre d'abandonner nos postes et de nous replier sur le village que notre brigade va quitter dans un instant, le mouvement de concentration des divers détachements du bataillon s'exécute rapidement, et j'arrive avec ma compagnie l'un des premiers sur la butte qui nous sert de point de ralliement. L'officier d'état-major qui nous accompagne fait faire halte à nos hommes, et nous tirant un peu à l'écart, mon lieutenant et moi, il appelle notre attention sur une forme humaine qu'on voit se mouvoir régulièrement, et qui arpente de long en large la lisière d'un petit bois situé à 3 kilomètres au plus de l'endroit où nous nous trouvons.

— Il n'y a pas à s'y méprendre, mon capitaine, lui dis-je, c'est une sentinelle qui se promène là-bas ; probablement quelque factionnaire appartenant à nos extrêmes avant-postes d'éclaireurs.

— Vous croyez donc que c'est un Français ?

---

sa laborieuse, mais hélas ! trop courte carrière médicale ! Au bataillon tout le monde l'estimait, et il n'y a pas un seul de ses anciens compagnons d'armes qui n'ait versé un pleur d'amer regret à la nouvelle aussi triste qu'inattendue de la mort de l'infortuné Lothammer !.....

— Sans aucun doute, mon capitaine.

— Eh bien ! voyez plutôt.

Ce disant, mon supérieur me passe sa lorgnette ; je la braque sur l'objet de notre discussion, et quelle n'est pas ma stupeur en reconnaissant dans l'homme qui se promène tranquillement en face de nous, pour ainsi dire, un Prussien non pas imaginaire, mais réel, en chair et en os, drapé dans une énorme capote qui lui tombe des épaules sur les talons, et coiffé de la classique *Pickelhaube !*

Du moment où l'ennemi nous serre de si près, il ne convient pas de nous isoler par trop du restant de la brigade, et comme le dit avec beaucoup de justesse le capitaine qui est venu à notre recherche, nous n'avons pas de temps à perdre pour rejoindre le régiment, et éviter d'avoir maille à partir avec les uhlans qui probablement ne tarderont pas à faire leur apparition dans Miserey. Aussi dès que le bataillon se trouve réuni, le signal du départ est donné, et nous nous dirigeons au pas de course dans la direction de Besançon.

Au bout de deux petites heures nous arrivons au château de Tillerois, notre ancien cantonnement du mois d'octobre où, comparativement à l'existence que nous avons menée depuis lors, nous coulions des jours si doux ! Ce domaine est occupé aujourd'hui par quelques compagnies de mobilisés ; nous ne faisons qu'en traverser le parc dont l'automne dernier j'aimais à parcourir les allées en causant avec mes amis, puis notre colonne gagne le village de Saint-Fergeux, où elle s'arrête, afin que nous y soyons cantonnés.

Je suis logé avec les hommes de ma compagnie chez une brave jeune femme, portière du château qu'occupe notre colonel, et qui fait tout ce qui dépend d'elle pour nous caser le plus commodément possible. Cette gentille ménagère, qui compte vingt-cinq printemps au plus, nourrit un petit bébé de six à huit mois, et me raconte, en pleurant à chaudes larmes, que son mari, ancien militaire, l'a quittée depuis plusieurs mois pour se rendre à l'appel adressé à ses défenseurs par la patrie en danger; il se trouve à Paris, et depuis le blocus de la capitale, la pauvre Byzontine est sans nouvelles de son époux.

« Je prie Dieu tous les jours », me dit elle, « pour que la guerre finisse et que mon mari me soit rendu ! Jésus-Marie, pourvu qu'il ne soit pas mort et que je ne sois pas abandonnée à moi-même avec mon petit enfant ! Je fais avec plaisir tout ce que je puis pour vous, pauvres soldats, et j'espère que le Ciel, en retour, veillera sur mon époux et me le renverra bientôt ! »

Pauvre femme, pauvre enfant ! Qui sait si depuis longtemps déjà l'objet de leur affection, leur unique soutien, ne repose pas du sommeil éternel sous la neige de quelque champ de bataille des environs de Paris ?

Les scènes de ce genre me brisent toujours le cœur, et les larmes que ni la faim, ni la fatigue, ni le danger ne parviennent à m'arracher, coulent librement et avec abondance chaque fois que je suis forcément témoin d'une aussi légitime et profonde douleur !.....

27 Janvier 1871. — Nous avons passé une bien mauvaise nuit, consacrée presque exclusivement à des corvées de vivres qui, hélas ! n'ont abouti à aucun résultat, et ne nous ont pas valu la moindre provision de bouche. Par contre, les mauvaises nouvelles nous assaillissent en foule.

Besançon, encombré de malades et manquant complètement de vivres, est incapable de soutenir un siège avec quelque chance de succès, et cependant il paraît que l'ennemi entoure cette place de tous les côtés. De plus, l'armée du général Manteuffel, arrivée des environs d'Auxerre, occupe déjà Dôle, Mâcon, et de nombreuses places dans le Jura et la Bourgogne ; nous sommes cernés, de toutes parts, la grande route de Lyon nous est coupée, et c'est par la montagne, en longeant la frontière suisse, que, dit-on, va s'opérer le mouvement de retraite des 70 à 80,000 hommes dont se compose aujourd'hui l'armée de l'Est. Arriverons-nous à traverser ainsi les lignes prussiennes sans être inquiétés ? ou s'il faut donner un dernier coup de collier, pourrons-nous le faire avec quelque chance de réussite ?

Je n'ose, hélas ! me faire aucune illusion à ce sujet, car qu'attendre de bon, en effet, de la part de malheureux soldats demi-morts de faim, de froid et de fatigue ?.....

Vers 6 heures, par une obscurité encore profonde, nous abandonnons Saint-Fergeux et nous nous dirigeons sur Besançon en longeant les montagnes ; notre marche s'effectue à travers la neige sur un petit sentier tellement étroit, que deux hommes ne peuvent y tenir de front et où l'on est forcé de cheminer à la file indienne. Nous arrivons de la sorte jusqu'en face du Polygone, puis tournant tout à coup à droite, nous nous éloignons de la ville, et nous allons déboucher vers 9 heures dans un village situé aux bords du Doubs ; un pont de bateaux établi en cet endroit nous met à même de gagner la rive gauche de la rivière, et nous nous retrouvons de nouveau, comme il y a trois mois, sur la route de Quingey.

Que de changements sont survenus depuis lors dans la situation du pays, et combien notre régiment, décimé par les combats, les maladies et la fatigue, diffère de ce qu'il était au moment de notre premier départ de Besançon !.....

Arrivés auprès du village de Pugey, nous abandonnons la grande route de Lons-le-Saulnier pour prendre celle de Pontarlier ; nous quittons la vallée du Doubs pour gravir la montagne, et nous avançons péniblement à travers la neige et les quartiers de roche. La tristesse et la souffrance sont empreintes sur tous les visages ; on n'entend ni chants ni cris de joie, chacun se traîne de son mieux à la suite de la colonne, et la solitude de la nature qui, sous le blanc linceul qui la recouvre, semble gémir comme nous, n'est troublé que par le croassement des corbeaux et les « Hue ! hue ! » continuels poussés par les malheureux soldats du train, qui de la voix, du geste et de tous les moyens dont ils peuvent disposer, cherchent à faire avancer les pauvres chevaux qu'ils ont mission de conduire et qui n'en peuvent mais. Dans l'après-midi, la neige qui tombe abondamment, nous fouette le visage, nous aveugle et vient encore ajouter aux maux de toute sorte qui nous accablent ! Aussi que d'infortunés nous sommes obligés d'abandonner à leur triste sort ! les uns ayant les pieds gelés et ne pouvant plus se tenir debout ; les autres, minés par la fièvre ou harrassés de fatigue et qui, n'en pouvant plus, se laissent choir sur le bord de la route, se couchent dans la neige, et très souvent s'y endorment pour ne plus se réveiller !

Après de nombreuses haltes, nous arrivons enfin à Ornans bien tard dans la nuit. Notre régiment est logé dans une des rues de la ville, et à chaque compagnie il est assigné un certain nombre de maisons où il faudra se caser comme on pourra.

Sans perdre de temps, je me mets en devoir de fournir un gîte à mes hommes, ce qui n'est pas chose facile, tant est brutal et inhospitalier l'accueil que nous font la plupart des personnes qui ont à nous recevoir. Comprenant parfaitement ce que notre visite à pareille heure peut avoir d'incommode, et voulant user de bonté et de ménagements à l'égard des habitants, au lieu de commander, tel que j'en ai le droit de par l'autorité militaire, je les prie poliment de vouloir bien mettre un réduit quelconque à la disposition de mes hommes, afin qu'ils puissent y passer la nuit, sans paille même, s'il ne s'en trouve point au logis. A cette injonction tout amicale, plusieurs maisons ouvrent leurs portes et reçoivent leur contingent de monde; il y en a une cependant où, quoique frappant à coups redoublés, je n'obtiens pas la moindre réponse, alors que néanmoins on voit de la lumière filtrer à travers les fentes des volets. Furieux de voir qu'on se moque de mes sommations respectueuses, je fais donner quelques bons coups de crosse contre la porte, et j'annonce aux habitants de la masure que je vais pénétrer de force chez eux s'ils ne m'ouvrent pas volontairement leur demeure. A cette menace, une femme daigne apparaître à la fenêtre, et me dit sèchement qu'elle n'a pas de place pour loger la troupe et qu'elle ne nous ouvrira pas; j'entre en pourparler avec cette mégère, mais malgré tous les arguments que je lui oppose, je n'arrive à loger mes hommes qu'après avoir fait mettre la baïonnette au canon et avoir pour ainsi dire emporté la maison d'assaut!

Voilà une de ces réceptions auxquelles, depuis le début

de la guerre, le militaire français n'a été que trop habitué par ses propres compatriotes ; il est navrant pour un Français d'avoir de pareils faits à citer à la charge de son pays, mais quelque peine que j'éprouve à le faire, je ne puis m'empêcher de tracer ces lignes qui, en somme, sont l'expression la plus exacte de la vérité !

28 Janvier 1871. — Nous sommes sur pied à l'heure accoutumée, et dès l'aube nous quittons nos cantonnements pour nous porter au devant de la ville, sur la route de Besançon, par laquelle nous sommes arrivés hier, et où ce matin notre brigade a pour mission de protéger la retraite de notre corps d'armée qui continue sa marche dans la direction de Pontarlier.

Il fait un froid excessif, et tandis que, serrés les uns contre les autres, nous nous réchauffons auprès des feux, la route se couvre de gens qui s'enfuient du côté d'Ornans et de la Suisse, pour y chercher un refuge contre l'ennemi qui, paraît-il, s'avance rapidement vers nous. Ce sont à la fois des militaires de toute arme restés en arrière et se traînant clopin-clopant ; des batteries entières d'artillerie et de nombreux équipages dont les chevaux abîmés ne peuvent plus avancer ; puis des paysans effarés, affolés de terreur, qui, avec toute leur famille, leur mobilier, voire même leurs bestiaux, se dirigent en toute hâte sur Pontarlier ; en un mot, c'est un spectacle lamentable que, pendant toute la matinée, nous avons constamment sous les yeux !

A Ornans, la nouvelle de l'arrivée imminente des Prussiens se confirme à tout instant et prend d'heure en heure plus de consistance ; on s'étonne même que nous soyons encore ici, et déjà la municipalité a fait proclamer à son de caisse que, l'ennemi approchant, les personnes qui tiennent à se mettre en lieu sûr, elles et les objets précieux dont elles peuvent disposer, doivent se rendre à Pontarlier où se concentre l'armée de l'Est, et où se trouve établi momentanément le quartier général.

Aussi quelle débâcle!!.....

Pour nous, vers 2 heures de l'après-midi, le moment du départ est arrivé; notre régiment lève le camp, et d'après un ordre incompréhensible, mais formel, du général Vivenot, c'est musique en tête aux sons de nos airs les plus joyeux que nous traversons la ville, au grand étonnement et à la juste indignation de la population, qui tout à l'heure aura les uhlans à loger, et au malheur de laquelle nous paraissons insulter par notre allégresse factice, alors que, battant en retraite comme nous le faisons, il serait plus digne et plus prudent de le faire sans bruit, et avec le calme et la décence qui conviennent à une armée malheureuse!.....

C'est toujours dans la montagne que s'effectue notre marche; nous montons des côtes abruptes, nous traversons d'étroits sentiers où nous avons de la neige jusqu'à mi-jambe; mais enfin, grâce aux quelques heures de repos dont nous avons joui ce matin, notre colonne avance sans trop de difficulté. Tout va bien jusqu'au soir; la nuit cependant ne tarde pas à faire son apparition, et quoique nos fourriers aient quitté le bataillon depuis quelque temps déjà pour préparer le cantonnement, l'étape ne semble pas vouloir toucher à sa fin. Il est 8 heures; l'obscurité est profonde, la neige commence à tomber, et continuellement nous parcourons d'immenses bois de sapins sans rencontrer la moindre habitation, sans apercevoir la plus petite lumière, sans arriver enfin à une issue quelconque! De monotone et silencieuse qu'elle était au début, notre course devient triste et accablante; les hommes sont à bout de forces et n'avancent plus qu'avec peine ; le découragement gagne les plus faibles qui se laissent choir sur la route, sans songer au dénûment dans lequel ils vont se trouver en abandonnant la colonne au milieu des bois, loin de toute habitation et, partant, privés de tout secours! C'est effrayant à voir; mais chez bien des militaires la douleur et l'abattement sont arrivés à un tel point, que les raisonnements les plus simples et les plus logiques n'ont plus le moindre effet sur leur esprit ; ils se jettent sur la neige, s'y assoupissent et attendent patiemment que la mort vienne les trouver.

De place en place et comme s'ils devaient servir à jalonner notre route, nous rencontrons des malheureux ayant fait partie des colonnes qui ont précédé la nôtre, et qui, couchés immobiles au bord du chemin, nous regardent défiler d'un œil terne et éteint ; l'un d'entre eux, auprès duquel je passe avec ma compagnie, pousse de plaintifs gémissements ; trois de mes hommes se détachent vers lui et cherchent à le remettre sur son séant. Le pauvre diable, un tout jeune homme, a les pieds gelés, est à moitié mort et peut à peine encore se tenir sur ses jambes ; il éprouve d'atroces douleurs et prie mes hommes de le laisser là où il se trouve, leur demandant seulement un morceau de biscuit et une goutte de vin ou d'eau-de-vie, car, dit-il, il n'a pris aucun aliment depuis douze heures! Emus de compassion à la vue de cet infortuné que la mort ne pourra tarder à saisir s'il reste ainsi couché sur la neige, mes braves et généreux compagnons le relèvent, lui présentent leurs gourdes, le prennent entre leurs bras, l'amènent dans nos rangs et le portent tour à tour jusqu'auprès d'une masure en bois que nous atteignons, et où fort heureusement se trouve un poste et une ambulance où je fais déposer notre malade.

Cette bonne action de la part de soldats qui, malheureux eux-mêmes, auraient le droit d'être fort peu soucieux du sort de leurs camarades, mériterait certainement d'être récompensée par le Ciel; elle le sera peut-être un jour, mais en tous cas la récompense ne semble pas se traduire aujourd'hui sous la forme de l'arrivée au cantonnement, chose que nous désirons cependant tous bien ardemment !

Les heures s'écoulent lentement ; la nuit devient de plus en plus noire ; nous passons auprès de plusieurs fermes où brillent des feux de bivouac, mais hélas ! pour nous il n'y a toujours ni halte ni repos.

Nous sortons enfin des bois ; nous approchons d'une maison où notre colonel se renseigne sur la route à suivre, et où l'on nous apprend que nous nous sommes égarés dans la forêt et que nous avons fait beaucoup de chemin inutile ; le but de l'étape est dépassé, et il nous faut ou retourner sur nos pas en suivant une route qui fait de nombreux détours, ou gagner notre cantonnement en ligne droite à travers champs. Nos chefs étant aussi désireux que nous d'arriver le plus tôt possible au lieu du repos, s'arrêtent à ce dernier parti, et tout le régiment quittant la route, s'élance à la suite du général Vivenot, qui, se frayant de son mieux un passage à travers la neige où nous enfonçons très profondément, nous guide et nous amène enfin au village de Sept-Fontaines, terme de notre longue et presque interminable étape !

Il est minuit, et nous avons marché sans discontinuer depuis 2 heures de l'après-midi !.....

29 Janvier 1871. — Par extraordinaire le réveil n'a lieu qu'à 8 heures du matin, et nous partons une heure après pour nous rendre, paraît-il, au village de Bulle, situé dans les environs immédiats de Pontarlier. Notre route passe par Sombacourt qu'occupe une division du 15e corps, dont fait partie une compagnie de turcos ; nous apercevons ces malheureux assis grelottant et grinçant des dents autour de leurs feux, et à leur vue je ne puis m'empêcher de songer aux réflexions que doivent se faire, dans les régions glacées où ils se trouvent actuellement, ces enfants du désert accoutumés au soleil brûlant de l'Afrique !

De Sombacourt nous nous dirigeons sur Pontarlier par la montagne, puis arrivés en vue de cette localité, nous faisons un crochet à droite, et passant par Chaffoins où s'établit la première brigade de notre division, nous arrivons enfin à Bulle, non sans avoir couru vingt fois le risque de nous perdre dans les amas considérables de neige qui encombrent la route.

Notre étape n'a pas été bien longue, et il fait encore jour au moment où nous prenons possession de notre cantonnement ; aussi sans retard et afin de pouvoir se rattraper sur l'insomnie de la veille, chacun se hâte d'apprêter le maigre repas du soir, se promettant, aussitôt la soupe avalée, de gagner au plus tôt son grenier à foin, et de s'y livrer au sommeil avec une volupté ineffable. Malheureusement l'homme propose et les événements disposent !

Nous sommes installés depuis une heure à peine, que tout à coup la fusillade retentit à Chaffoins ; presqu'en même temps on entend sonner le boute-selle ; nos artilleurs courent à leurs pièces et à leurs chevaux, et le général Vivenot qui, au grand galop, accourt au milieu de nous, enjoint au régiment d'éteindre ses feux, de plier bagages, et de se tenir prêt à marcher dans le plus bref délai. L'ordre est péremptoire, il faut s'y soumettre ; aussi répandant dans les cendres, avec un soupir de regret, notre bouillon à moitié cuit, nous mettons le sac au dos et l'arme au bras, pour aller prêter main-forte à nos camarades de la mobile des Deux-Sèvres, qui ont été surpris dans le village même de Chaffoins, et dont ils disputent chaudement la possession à l'ennemi.

Nos canonniers, avec la célérité, la diligence, l'exactitude et le dévouement à toute épreuve qui depuis l'ouverture de la campagne n'ont cessé de caractériser les soldats de cette arme, sont prêts en un clin d'œil, et n'attendent plus que le signal du départ pour démarrer avec leurs pièces. Tout le monde, en un mot, est sur pied, et en moins de quelques instants le village de Bulle, tout à l'heure encore plein de vie et de mouvement, est abandonné et rendu à son calme habituel tandis que notre colonne, s'éloignant à quelque distance des habitations, va se ranger auprès des bouches à feu. Les zouaves ne tardent pas à venir nous rejoindre, et notre brigade, ainsi rassemblée, étend ses lignes noires et confuses sur l'immense tapis de neige qui nous entoure à perte de vue, et dont la lune, dans tout l'éclat de sa glaciale splendeur, rehausse encore la blancheur et l'éclat. A Chaffoins, la fusillade marche toujours bon train, et quoique nous n'ayons pas encore reçu de la division l'ordre d'entrer en lice, ce combat nocturne nous fait présager une bien mauvaise nuit à passer, soit qu'il faille faire le coup de feu, soit, ce qui serait plus terrible encore, qu'on nous obligeât à demeurer de grand'garde jusqu'au jour, immobiles et les pieds dans la neige par l'atroce température dont nous jouissons !

Tout à coup cependant les cris de : « Le général Vivenot ! où est le général Vivenot ? » se font entendre, et nous voyons arriver vers nous un officier d'état-major, suivi d'un cuirassier.

« Mon général », dit l'officier à notre général de brigade, « vous pouvez faire rentrer vos hommes et vos chevaux au cantonnement. Le général Clinchant vient de recevoir du Gouvernement une dépêche l'informant qu'un armistice de vingt-un jours a été conclu entre les représentants du gouvernement de la Défense nationale résidant à Paris d'une part, et l'empereur d'Allemagne de l'autre. Un parlementaire, parti du quartier général de Pontarlier, se rend en ce moment à Chaffoins auprès du commandant en chef des troupes allemandes, pour lui donner communication de la dépêche reçue par le général Clinchant, et prendre, d'accord avec lui, les mesures nécessaires pour la cessation des hostilités !..... »

Grand est notre étonnement en entendant ces paroles ! Nous ne pouvons en croire nos oreilles, et nous entre-regardant mutuellement, nous nous demandons si cette nouvelle aussi heureuse qu'inattendue est bien vraie ? Quoi ! au moment où, refoulés jusqu'aux dernières limites de notre territoire, traqués de tous côtés par l'ennemi, privés de secours et complètement démoralisés, il ne nous reste plus d'autre alternative que celle de nous faire massacrer ou de nous rendre, serait-il possible qu'un armistice vienne à point, non seulement pour conjurer le danger qui nous menace et nous éviter une sanglante défaite, mais encore pour nous apporter, avec un repos immédiat de quelques jours, l'espoir de voir sous peu un traité de paix mettre fin à l'existence misérable que nous menons depuis si longtemps déjà ?

Cette nouvelle n'est pas croyable, tant elle est inespérée ! nous en sommes tout stupéfaits, et nous nous refuserions certainement à en admettre l'authenticité si, arrivant à l'appui des assertions de l'officier d'état-major, la fusillade ne venait de cesser comme par enchantement à Chaffoins, et qu'on ne nous enjoignît l'ordre de regagner tranquillement nos cantonnements de Bulle et de nous y reposer en toute sécurité.

Vingt et un jours de repos et une paix prochaine !..... C'est assurément plus qu'il ne faut pour faire tourner nos pauvres têtes que la fatigue et les privations ont rendu presque insensibles à tout autre sentiment que celui du bien-être matériel, à tout autre instinct que celui de la conservation. Aussi peu nous importe quant à présent la question de savoir à quelles conditions notre France chérie pourra recouvrer le calme, la quiétude et la paix qui lui sont d'une nécessité absolue ; l'essentiel pour nous c'est d'être hors de danger, et n'envisageant l'armistice qu'au point de vue du repos qu'il nous procure, nous ne nous inquiétons ni des sacrifices que le pays devra s'imposer pour recouvrer sa liberté d'action, ni de la situation que pourra nous créer, à nous Alsaciens, un traité de paix qui, s'il est conforme aux prétentions affichées par le vainqueur lors des négociations de Ferrières, condamnera forcément notre malheureuse province à servir de rançon à la mère-patrie !.....

30 Janvier 1871. — Le lever des troupes se fait un peu tard ce matin, mais par contre tout le monde est frais, dispos, souriant et presque joyeux; la bonne nouvelle a produit son effet sur le moral des hommes, qui, en vue d'un stage plus ou moins long et d'un genre de vie tranquille et paisible dans le village de Bulle, sont activement occupés à nettoyer leurs armes, leurs vêtements et leurs personnes; les rires et les chants, inconnus au bataillon depuis une quinzaine de jours, reprennent de plus belle, et partout retentissent nos anciens et gais refrains.

Au rapport, où mes collègues et moi nous nous rendons vers midi, on ne nous apprend rien de nouveau, si ce n'est toutefois qu'aucune résolution n'a été prise encore quant à la durée du temps que le régiment aura à séjourner à Bulle; il se peut que le cantonnement soit changé d'un moment à l'autre, et conséquemment il est strictement interdit aux militaires de s'éloigner des habitations où ils sont logés. De fréquents appels devront avoir lieu, afin de s'assurer de l'exécution des ordres du colonel; de plus, il sera fait une distribution de vivres dans le courant de la journée.

De l'armistice on ne nous en parle point, et nous ignorons toujours encore les détails de la convention qui a été signée à Paris entre les représentants du Gouvernement et l'empereur d'Allemagne; tout ce que nous savons, c'est que la suspension d'armes doit durer vingt-un jours, pendant lesquels on négociera de part et d'autre les bases d'un traité de paix définitif.

Le restant de la journée s'écoule tranquillement pour nous tous; occupés comme nous le sommes à des travaux de propreté et de ravitaillement, nous nous trouvons sans nouvelles du dehors, et la seule chose digne d'intérêt qui arrive à notre connaissance, c'est que depuis le combat d'hier, Chaffoins est occupé à la fois par les troupes françaises et allemandes qui, logées les unes dans le bas, les autres dans le haut du village, s'observent mutuellement sans se faire aucun mal.

A Bulle, dans toutes les maisons pour ainsi dire, on *festonne* un tant soit peu ; les habitants, aussi contents que nous de la conclusion d'un armistice, se laissent aller à des actes d'une libéralité peu commune, et cherchant derrière les fagots quelques vieilles bouteilles de vin, ils invitent les soldats à trinquer avec eux ; les ménagères nous fournissent du beurre, des œufs, tout ce qu'il faut enfin pour faire un repas passable, et grâce à la munificence de ces braves femmes, il s'échappe de presque toutes les cuisines un agréable fumet. A la brume, tout le monde est en train de *fricotter*, comme dirait mon capitaine, et pour ma part, je m'apprête à me rendre auprès de mes chefs qui m'ont invité à partager leur dîner, quand, en traversant la rue, je perçois distinctement un coup de canon dans le lointain ; je m'arrête, et prêtant l'oreille, je ne tarde pas à entendre une nouvelle détonation.

Se battrait-on ? et l'armistice n'aurait-il été qu'un leurre inventé par les Prussiens pour nous traquer plus sûrement ? Non ; cette supposition est absurde ; nos généraux n'ont pu être joués de la sorte, et comme le prétendent judicieusement quelques camarades, que le bruit des coups de feu a attirés dans la rue, il faut plutôt admettre que cette violation des traités est le fait de quelque corps d'armée ennemi fraîchement arrivé, qui se sera sans doute rencontré avec nos avant-postes, et qui, non instruit de la suspension momentanée des hostilités, aura ouvert le feu contre eux. D'ailleurs tout étant calme et tranquille chez nous et à Chaffoins, où les Prussiens sont établis à côté de nos troupes, nous ne courons pas le moindre risque de nous voir attaqués, et rien ne s'oppose à ce que nous jouissions en toute tranquillité du repos qui nous a été accordé.

Sur ces entrefaites l'heure s'avance, les feux s'éteignent les uns après les autres, et chacun se met tout doucement en devoir de s'allonger sur la paille et de s'endormir, lorsque soudain le bruit se répand que les zouaves viennent de recevoir l'ordre de quitter leur cantonnement dans le plus bref délai et de se remettre en marche pour une destination inconnue. Nous avons à peine le temps de commenter cette nouvelle, que déjà la voix forte de l'adjudant du bataillon retentit dans la rue :

« Le Haut-Rhin sac au dos et tout de suite; les fourriers aux vivres avec dix hommes de corvée ! »

Tout le monde se lève en sursaut, l'étonnement est à son comble, et l'on assomme de questions l'adjudant M....., afin d'obtenir de lui quelques éclaircissements sur la nature du mouvement inattendu qu'on nous fait faire à pareille heure; mais c'est peine inutile ; M..... se renferme dans un mutisme absolu, et quelque incompréhensibles que puissent nous paraître les ordres qui nous sont transmis, il ne nous reste qu'à les exécuter le plus lestement possible. Peu d'instants suffisent, du reste, pour que tout le bataillon soit sous les armes, et avant même qu'on ait pu procéder à la distribution des vivres qui nous ont été délivrés, nous nous mettons en marche au pas accéléré.

Chemin faisant et tout en arpentant les champs couverts de neige, nous apprenons enfin le mot de la terrible énigme dont nous sommes le jouet. L'armistice conclu à Paris et dont sont appelés à bénéficier tous les corps d'armée français, ne s'étend pas au nôtre ! L'armée de l'Est, si cruellement éprouvée, a été omise dans le traité, et pour comble d'infortune, par un malentendu inexplicable, la dépêche parvenue hier au général Clinchant ne faisait pas mention de cette clause, qui cependant intéressait tout spécialement son armée. Aussi dès ce matin, le quartier général allemand, mieux renseigné que le nôtre, a fait parvenir à notre commandant en chef le texte exact de la convention conclue à Paris, tout en l'informant qu'après un délai de vingt-quatre heures, pendant lequel le général Clinchant pourrait entrer en communication télégraphique avec son Gouvernement, les hostilités seraient reprises par l'armée allemande.

Voilà où en sont actuellement les choses ! Après les belles espérances qu'avait fait naître en nous la fameuse dépêche d'hier au soir, telle est aujourd'hui l'affreuse et triste réalité ! De meilleure que nous la supposions devenue, notre situation se trouve empirée, et Dieu sait maintenant comment nous sortirons du mauvais pas dans lequel nous sommes engagés. Mais que sert de se lamenter quand le danger est imminent, qu'il nous menace ? Sur les vingt-quatre heures qui nous ont été accordées pour nous mettre en état de défense, douze déjà sont écoulées, et soit que nos chefs veuillent livrer bataille ou poursuivre leur retraite vers le sud-est, il n'y a pas de temps à perdre pour gagner le large, et s'éloigner un tant soit peu de l'ennemi qui nous entoure de toutes parts.

Allons! marchons, marchons toujours, sans trêve ni repos, comme le Juif-Errant de la légende ; avançons en dépit du froid, du vent, de la neige; mourons, mais sachons rester fidèles au drapeau. Oui, mourons, le mot n'est pas exagéré ; car la marche pénible et embarrassée que nous poursuivons à travers les ténèbres, les fréquents et nombreux arrêts que nous sommes forcés de subir par suite des chevaux qui s'abattent sur la route, des voitures et du matériel qu'on abandonne faute de bêtes pour les traîner, des colonnes qui s'enchevêtrent, cette marche, dis-je, est funeste et fatale à bien des hommes qui, accablés de fatigue, brisés de lassitude, s'endorment dans la neige du sommeil éternel.

Toute la nuit, et une nuit glaciale, se passe de la sorte sans que nous fassions beaucoup de chemin, et pour franchir les quelques kilomètres qui séparent Bulle de Pontarlier en passant par Sainte-Colombe, nous mettons près de dix heures ; ce n'est que le 31 janvier, à l'aube naissante, que nous arrivons à Pontarlier, quartier général et point de concentration de l'armée de l'Est, si toutefois il est encore permis de donner ce nom aux milliers de pauvres hères et au nombreux matériel dont les rues de la petite ville sont littéralement bondées, et qui, barbottant dans la neige, se pressent, se bousculent et suivent le courant qui les entraîne malgré eux, sans savoir où ils portent leurs pas ! C'est épouvantable ; et ni à Jargeau ni à Marchaux, où cependant notre retraite fut des plus désordonnées, je n'ai vu un désarroi pareil à celui que nous avons sous les yeux en ce moment. Le spectacle que présentent nos malheureuses troupes est navrant, écœurant ; il n'y a plus même un semblant d'ordre et de direction dans la composition et la marche des colonnes : 18ᵉ, 20ᵉ, 24ᵉ corps, canons, voitures, ambulances, le tout pêle-mêle et en masse confuse, chemine de front pour ainsi dire sur la route qui de Pontarlier conduit aux forts de Joux. On n'avance qu'avec peine au milieu de ce tas d'hommes et de chevaux, et ce n'est qu'en se faufilant de droite et de gauche, comme faire se peut, que notre brigade, qui jouit encore d'une certaine homogénéité dans le commandement, arrive, après avoir passé auprès des forts, au village de La Cluse, où il est fait une halte, tant pour donner aux hommes présents le loisir de casser une croûte et de se reposer, que pour permettre aux absents de rallier leurs régiments respectifs.

Vers midi notre bataillon s'ébranle de nouveau à la suite du 3ᵉ zouaves, et abandonnant la route de Jougne que suit le gros des divisions des 15ᵉ, 18ᵉ et 24ᵉ corps, nous prenons à droite dans la montagne un chemin qui dans le courant de l'après-midi nous mène à Chaudron, petit hameau de fort peu d'importance, où, vu la longueur de l'étape que nous avons fournie depuis notre départ de Bulle, il est décidé que l'on s'arrêtera pour passer la nuit.

A la hâte nous nous élançons vers les cantonnements que nos fourriers nous ont préparés, mais au moment d'en franchir le seuil, un contre-ordre nous enjoint de rester dans la rue et d'allumer des feux autour desquels nous pourrons nous accroupir et faire cuire la soupe ; défense nous est faite, en outre, de quitter nos fusils et nos havresacs, afin d'être prêts à toute éventualité. De droite et de gauche, en effet, partout où sont établies les grand'gardes de notre brigade, on entend de temps à autre partir des coups de feu, et il résulte de nouvelles toutes fraîches fournies par notre 1ʳᵉ compagnie qui est de service, que nous sommes serrés de très près par l'ennemi dont on aperçoit parfaitement les vedettes depuis nos postes avancés. Le général Thornton, qui passe auprès de nous, précédé d'un trompette et suivi de deux chasseurs à cheval, nous confirme d'ailleurs le fait, et ajoute, pour nous consoler sans doute :

« Allons, mes amis, vous n'en aurez pas pour longtemps à rester ainsi exposés au froid ; le général en chef me dépêche en parlementaire auprès des Prussiens, et j'espère à mon retour, qui aura lieu sous peu, pouvoir vous permettre de rentrer dans les granges ! »

Tombant à la fois de fatigue et de sommeil, nous accueillons avec joie les promesses de notre brave général, mais hélas ! les heures s'écoulent, la nuit arrive, notre général ne revient pas, et partant nous sommes toujours sur le pavé, le fusil entre les jambes et ne dormant que d'un œil. Ce n'est qu'à une heure fort avancée de la nuit que notre consigne est enfin levée et qu'il nous est permis de regagner nos gîtes, où, nous pelotonnant de notre mieux dans le foin, la paille et les fagots, nous cherchons à goûter un peu de repos !

1ᵉʳ Février 1871. — Dès 5 heures, l'adjudant (le souffre-douleur du bataillon comme on le dénomme à juste titre) se rend de porte en porte et fait retentir les granges et les greniers du sacramentel « Debout ! » dont chaque jour, à une heure plus ou moins matinale, nous sommes gratifiés de sa part. Plus que jamais il nous est recommandé aujourd'hui de nous préparer à la hâte et surtout sans bruit, à peine nous donne-t-on le temps de faire bouillir une tasse de café, que déjà le régiment s'ébranle, dans les ténèbres et reprend, à notre grand étonnement, la route que nous avons suivie hier. Au lieu d'avancer vers le Sud, nous retournons sur nos pas et nous nous rapprochons de Pontarlier, dont, il y a vingt-quatre heures, il semblait que nous ne pussions nous éloigner assez précipitamment. Pourquoi ce changement subit dans l'itinéraire de notre retraite ? Hélas ! la cause en est fort simple ; ce sont les Prussiens qui, occupant déjà la route que nous comptions suivre pour nous rendre à Lyon, ont arrêté notre marche et nous forcent à nous rabattre sur Pontarlier, où, suivant les « on-dit », il paraît que nos généraux veulent tenter un dernier effort et livrer bataille à l'ennemi à l'entrée du défilé que commandent les forts de Joux ; en cas d'insuccès, ajoute toujours la rumeur publique, le passage de toute l'armée de l'Est sur le territoire suisse serait chose décidée et convenue avec les autorités helvétiques.

Ces nouvelles sont-elles vraies, sont-elles fausses ? Nous l'ignorons encore ; mais à en juger par les mouvements de va-et-vient continuels de nos généraux de brigade et de division, par les nombreuses estafettes qu'ils dépêchent tant auprès du commandant Dollfus faisant fonctions de colonel de notre régiment, qu'auprès des divers chefs de bataillon du 3ᵉ zouaves, il est aisé de s'apercevoir qu'il se passe en ce moment dans les hautes sphères de l'état-major de l'armée quelque chose d'aussi anormal qu'extraordinaire.

Quoi qu'il en soit, nous poursuivons à travers la neige et les bois de sapin le chemin qui de Chaudron conduit au village de la Cluse ; tout est parfaitement calme autour de nous, la solitude est complète, et rien ne vient troubler la monotonie de notre marche qui s'effectue dans un profond silence. Au bout de quelques heures, nous atteignons la grande route de Jougne, et tournant le dos à cette dernière localité, nous nous apprêtons à gagner les forts de Joux, lorsque, après avoir croisé plusieurs détachements de troupes se dirigeant juste du côté opposé à celui où nous allons, notre colonne s'arrête enfin auprès d'une scierie, située en face d'une haute montagne, sur les flancs de laquelle serpente un sentier que suivent à la file indienne de nombreux fantassins. Aussitôt on forme les faisceaux, puis les sergents-majors étant appelés auprès des officiers du bataillon réunis dans une des chambres de la scierie, il leur est donné communication d'un ordre dont voici le résumé :

Dans chaque compagnie il sera procédé immédiatement à un appel très sérieux, ayant pour but de constater le nombre réel des hommes qui actuellement forment l'effectif du 4e bataillon ; MM. les commandants de compagnies rendront compte au chef de bataillon de cet appel, et lui indiqueront le nombre de soldats présents dans leurs compagnies respectives. Ensuite il sera procédé, par les soins de M. le capitaine Th..... faisant fonctions de chef du 4e bataillon, au partage du solde de la somme d'argent dont il a été fait don il y a quelques semaines au bataillon par les habitants de Mulhouse ; cette somme sera répartie au prorata du nombre d'hommes qui se trouvent en ce moment sous les armes.

De plus, le boni dont pourraient disposer les compagnies et qui de droit revient aux hommes, devra leur être versé, toujours en ne tenant compte pour le mode de répartition que des soldats présents ; les absents, traînards et fricoteurs devant être exclus de toute espèce de partage.

Puis une fois toute cette besogne faite, on pourra informer les troupes que la campagne est terminée ; que l'armée de l'Est tout entière passe en Suisse, et que le 4ᵉ bataillon de la mobile du Haut-Rhin peut à son gré et quand il le jugera convenable, gagner le territoire helvétique par la route de Jougne ou par le sentier qui se trouve en face de la scierie, et qui conduit à la frontière en passant par le village des Fourgs !

....

Voilà donc le résultat final des marches et des contre-marches inexplicables auxquelles, depuis la néfaste journée du 29, nous avons été condamnés. Après un mois de souf-frances et d'efforts héroïques, mais infructueux, poursuivie par des destins contraires, incapable, faute de moyens de résistance, de continuer plus longtemps une lutte inégale, la malheureuse armée de l'Est se voit réduite à demander l'hospitalité à la République suisse, la seule nation amie peut-être qui, par le triste temps qui court, soit restée fidèle à la France !!

Faut-il blâmer nos généraux d'avoir pris une telle déter-mination ?

Non, certainement non ; il faut reconnaître au contraire que le général Clinchant, sous les ordres supérieurs duquel se trouve notre armée depuis que le général Bourbaki nous a quittés malade à Besançon, a agi sagement, en général qui, connaissant l'état de dénûment et de misère dans lequel est tombé son armée, ne s'illusionne aucunement sur les résultats qui peuvent être obtenus avec de pareils éléments, et sachant qu'il n'a plus aucun secours à espérer de son pays, a préféré, en les faisant passer sur un territoire neutre et ami, conserver à la France des milliers de jeunes hommes qui plus tard seront d'un grand secours à leur patrie, plutôt que de les faire massacrer sans espoir de succès, ou de les livrer pieds et poings liés à l'ennemi, pour les voir transporter dans quelque forteresse de l'Allemagne !.....

A l'issue du rapport, nous regagnons, mes collègues et moi, nos diverses compagnies, et nous leur donnons connaissance des événements qui viennent de s'accomplir. Cette nouvelle produit une grande sensation parmi les hommes, et à l'audition des bonnes paroles que nous leur apportons, plus d'un sourire de satisfaction vient errer sur les lèvres bleuies, et contracter le pâle visage de nos camarades malades ou éclopés, qui entrevoient enfin d'une manière certaine le terme de leurs maux !

Après un appel minutieux, recommencé à plusieurs reprises, dans le but de pouvoir comprendre au nombre des présents quelques troupiers restés en arrière depuis ce matin et qui peu à peu rejoignent le bataillon, mon lieutenant fait entre les hommes de la compagnie le partage du boni qui, grâce à la bonne gestion de notre brave capitaine, se monte à une somme fort respectable ; aussi ce travail terminé, est-ce avec une vive satisfaction que je vois chacun de mes hommes possesseur d'un petit capital qui, joint à la part de 7 francs revenant à chaque homme du bataillon sur l'argent envoyé de Mulhouse, lui permet d'envisager sans crainte les quelques jours qui s'écouleront probablement avant l'internement définitif, en Suisse, des 80,000 hommes qui composent l'armée française.

L'argent ainsi réparti et rendu à qui de droit, il ne me reste, pour m'acquitter de mes derniers devoirs envers mes compagnons d'armes, qu'à leur indiquer le sentier des Fourgs et la route de Jougne, en leur observant que le bataillon est dissous et que dès à présent ils sont libres de gagner la frontière par tel chemin qu'il leur sera agréable de suivre. Ce sont là, en effet, les derniers ordres qui ont été donnés; au lieu de se rendre en corps en Suisse, notre bataillon, imitant l'exemple des nombreuses troupes de toute arme et de tous régiments qui ne cessent de passer sur la route, se fractionne par petits détachements, par groupes de plusieurs individus qui, prenant la route de l'Etranger, ne tardent pas à s'éloigner les uns après les autres.

Pour moi, je ne quitte la scierie qu'un peu tard dans le courant de l'après-midi, en compagnie de mes deux lieutenants et d'un certain nombre de soldats qui nous ont manifesté le désir de ne pas nous quitter; notre petit peloton s'engageant dans le chemin des Fourgs, gravit péniblement les flancs d'une montagne abrupte, couverte de neige et de rochers, où nous nous croisons à tout moment avec des files interminables de troupes arrivant de tous les côtés et convergeant vers le même point, vers ce port de salut où nous cherchons tous à nous réfugier : la Suisse.

Au village des Fourgs la grande route est tellement encombrée d'équipages et de matériel de toute sorte, qu'il nous est impossible de la suivre; sur les indications d'un paysan qui sert de guide à un bataillon d'infanterie de ligne, nous nous élançons à travers champs, et enfonçant dans de véritables trous de neige où plus d'une fois je cours le risque de m'ensevelir, nous arrivons enfin à une ferme, la dernière habitation française de la montagne, où l'on nous offre généreusement l'hospitalité.

Nous nous rencontrons là avec un maréchal-des-logis-chef de carabiniers, qui, entrant en conversation avec nous, nous apprend que depuis une huitaine de jours il occupe ce poste, où il a été envoyé en vue de surveiller la frontière et d'empêcher les déserteurs de l'armée de l'Est de la franchir; dès avant-hier cependant de nouvelles instructions lui ont été transmises à l'effet de ne plus s'opposer désormais au passage des troupes françaises, qui toutes allaient traverser la frontière, mouvement qu'il était autorisé à suivre lui-même avec ses hommes, quand il jugerait le moment venu de le faire.

— Partez avec nous! lui dis-je.

— Non, me répond-il, je resterai ici jusqu'à l'arrivée des Prussiens, car je brûle du désir de leur envoyer quelques balles; embusqué derrière un arbre, je les attendrai à bout portant et je tâcherai de leur démonter quelques hommes; après quoi, mon cheval et moi, qui depuis une semaine avons parcouru, reconnu et étudié tous les sentiers et passages de la montagne, nous irons rejoindre les camarades là-bas en Suisse !

Serrant la main à ce vieux brave et remerciant nos hôtes pour la bonté dont ils ont fait preuve à notre égard, nous nous mettons en devoir le franchir la petite distance qui nous sépare encore du premier corps de garde fédéral. Au moment où nous quittons la chaumière, la fusillade, que depuis quelque temps déjà nous entendons dans la direction de Pontarlier, se rapproche sensiblement; les obus sillonnent l'air, et on les voit tomber sur la route des Fourgs, où règne un pêle-mêle et un désordre indescriptibles ; des paysans que nous rencontrons nous annoncent que l'ennemi s'avance, et qu'un bataillon de zouaves, assisté de quelques autres troupes, protège vaillamment la retraite de notre matériel, qui, hélas! ne peut avancer que très lentement sur les routes couvertes de neige et de glace. En raison de ces faits et pour ne pas risquer de faire naufrage au port, nous jugeons prudent de hâter le pas ; aussi jetant un dernier regard sur cette chère France pour la délivrance de laquelle nous avons vainement combattu et souffert pendant de longs mois, nous lui disons « au revoir! », puis nous nous éloignons en silence, le cœur gros de soupirs et en proie à une douleur d'autant plus terrible, qu'elle est muette et qu'il nous est impossible de l'épancher !

Bientôt nous atteignons une petite maisonnette en bois auprès de laquelle stationnent déjà un grand nombre de nos malheureux soldats ; c'est la frontière suisse occupée par un détachement de troupes fédérales, qui procèdent à la triste besogne de la réception et du désarmement de l'armée française. Cette opération se fait avec rapidité, et tandis que ceux qui nous ont devancés, passent les uns après les autres par une petite poterne, où ils remettent à des fantassins lucernois leurs armes et leurs munitions de guerre, nous nous tenons prêts à subir le même sort qu'eux. D'une main tremblante et avec un serrement de cœur inexprimable, j'enlève mon ceinturon et ma cartouchière ; je fais jouer une dernière fois la batterie de mon fidèle chassepot, et répondant « Présent! » d'une voix à demi étouffée par les sanglots à l'appel de mon lieutenant, qui, après quelques mots échangés avec l'officier suisse, vient de s'écrier : « Le 4e bataillon du Haut-Rhin, passez! » je franchis la poterne, je foule le sol libre et hospitalier de la République helvétique, et je gagne avec mes compagnons d'armes le village d'Auberson ; là, du seuil de la grange qui doit me servir de gîte pour la nuit, je vois passer, venant des Fourgs et marchant avec peine dans les ténèbres qui commencent à se répandre, le commandant Dollfus, suivi de quelques officiers et d'un certain nombre d'ordonnances.

Ce sont là les derniers débris de ce bataillon qui, le 1er août 1870, quittait Mulhouse plein d'enthousiasme, d'ardeur et de courage, confiant dans les destinées de la France, et se berçant du doux espoir de ne retourner au pays qu'avec les palmes de la victoire!.....

Sic transit gloria mundi!....

CONCLUSION.

L'historique du 4ᵉ bataillon du Haut-Rhin — dissous au moment de passer la frontière et réparti ensuite avec le restant de l'armée de l'Est sur tout le territoire suisse — prend fin à la date mémorable du 1ᵉʳ février 1871.

Le but que je me suis proposé en publiant mon journal est par conséquent atteint; ceux de mes anciens compagnons d'armes qui voudront m'accorder la faveur de lire mon ouvrage, y trouveront le résumé succinct et aussi détaillé qu'il m'a été possible de l'établir, des faits et gestes accomplis par la garde nationale mobile de l'arrondissement de Mulhouse. J'aurais pu peut-être m'étendre plus longuement que je ne l'ai fait sur bien des sujets et approfondir certaines questions que je n'ai fait qu'effleurer, mais j'ai tenu par-dessus tout à me renfermer dans les limites de la stricte vérité, et à ne commenter que les faits dont j'ai été témoin ou qui rentraient dans le cercle de mes modestes attributions de sous-officier.

Aussi, vu son insuffisance, je recommande tout spécialement mon livre à l'indulgence de ses lecteurs.

Et maintenant, pour terminer, qu'il me soit permis de venir, après tant d'autres, payer publiquement un juste tribut de reconnaissance au peuple généreux et hospitalier qui a bien voulu accueillir sur son territoire les malheureux soldats qui composaient l'armée de l'Est. Ce fut pour nous tous un bien beau jour que celui où il nous fut donné, après de longs mois de souffrances, de fouler cette terre libre et amie, dont les habitants, nous entr'ouvrant les bras, nous reçurent comme leurs propres enfants ! Sous l'action bienfaisante de la sollicitude dont nous fûmes entourés, que de misères furent secourues, que de maux touchèrent à leur fin ! Et combien d'infortunés voués à une mort presque certaine recouvrèrent la vie et la santé, grâce aux soins assidus et empressés dont ils furent l'objet de la part de la noble population suisse !

Ah ! il ne nous sera jamais possible de nous acquitter entièrement de la dette que nous avons contractée envers nos généreux voisins ; mais qu'ils le sachent bien, le souvenir des bienfaits dont ils nous ont comblés ne saurait s'effacer de notre mémoire, et désormais le nom de la Suisse, béni et vénéré, entouré d'une glorieuse auréole d'humanité et de charité, restera gravé en caractères indélébiles dans le cœur de tous les anciens compagnons d'infortune des généraux Clinchant et Bourbaki !.....

FIN.

NOTES

Extrait d'un article publié par M. le général Aube dans la « Revue des Deux-Mondes », sous le titre :

LE 20ᵉ CORPS DE L'ARMÉE DE LA LOIRE

Le 24 novembre, vers 9 heures du matin, le 18ᵉ corps attaquait les villages de Maizières et de Ladon. Ce mouvement offensif donnait lieu à des engagements divers, auxquels le 20ᵉ corps ne prit part que par l'affaire peu importante d'ailleurs, où le général Girard trouva la mort, et le premier jour par sa 2ᵉ division, lancée contre une colonne ennemie qui, descendant de Beaune-la-Rolande, menaçait le flanc gauche de nos troupes engagées sur la route de Bellegarde à Maizières. Les bataillons du Haut-Rhin, dans une charge impétueuse, y montrèrent l'entrain et l'aplomb de vieilles troupes. Au chant de la *Marseillaise,* musique en tête, et sur les pas de leurs vaillants chefs, le lieutenant-colonel Dumas et le colonel Dollfus, ils coururent à l'ennemi et le refoulèrent victorieusement. La nuit, nos troupes couchèrent sur le champ de bataille. Néanmoins, ni Ladon, ni Maizières, ni Juranville, n'étaient tombés en notre pouvoir. Quelque sérieux qu'ils fussent, ces engagements n'étaient que les préliminaires d'une action décisive ; mais ils justifiaient par la bravoure des soldats, la confiance des généraux qui venaient de prendre l'offensive. En effet, ce mouvement en avant de notre aile droite se continua en s'accentuant davantage.

Le 27 au soir, la 1re brigade de la 2e division du 20e corps vint occuper le village de Saint-Loup-des-Vignes, à 3 kilomètres de Beaune-la-Rolande qu'il domine. Dans la nuit, la 2e brigade se portait sur Montbarrois, à 2 kilomètres de Saint-Loup, et au point du jour, la 1re division, partant de Boiscommun, s'ébranlait à son tour dans la direction de Batilly, village qui commande le passage de l'antique chaussée connue sous le nom de *Chemin de César*. En même temps, le 18e corps reprenait sa marche en avant, un moment interrompue, sur Ladon, Maizières et Juranville, pour déboucher sur notre droite. Le village de Beaune-la-Rolande, objectif de l'armée française, allait donc être attaqué à la fois sur la gauche et au centre par le 20e corps, sur la droite par le 18e corps, c'est-à-dire, en évaluant l'effectif de ces deux corps à un minimum, par plus de 40,000 hommes[1].

L'importance stratégique de cette position explique nos efforts pour l'arracher à l'ennemi, ceux de l'ennemi pour la conserver. Les Hanovriens de Voigt-Rhetz occupaient le village depuis plusieurs jours. Dans la prévision d'une attaque, ils en avaient fortifié les approches par des fossés profonds, barricadé toutes les rues, crénelé les maisons ; ils l'avaient en un mot transformé, comme tant d'autres villes françaises tombées sans coup férir dans leurs mains, en une de ces citadelles formidables devant lesquelles nos soldats, luttant poitrine nue contre d'invisibles ennemis, ont vu tant de fois se briser leur audace. En évaluant à 25,000 hommes le corps de Voigt-Rhetz, à 15,000 les divisions de renfort qui

---

[1] Le 20e corps comptait à peine 27,000 combattants, et le 18e corps, qui ne fut complété que vers le milieu de décembre, se composait alors de 15 à 18,000 hommes. La 3e division du 20e corps resta pendant le combat à deux ou trois kilomètres en arrière, sans tirer un coup de fusil, de sorte que 30 à 35,000 hommes seulement furent engagés du côté des Français.

lui furent envoyées de son quartier général par le prince Frédéric-Charles, avec une nombreuse artillerie, on voit que 80,000 hommes allaient se heurter sur une ligne de moins de deux lieues d'étendue, pour se disputer la possession d'un de nos plus obscurs villages.

A 8 heures du matin, le canon de la 1re division se fait entendre du côté de Batilly. Le signal de l'attaque générale est donné par la batterie de réserve, en position sur les hauteurs de Saint-Loup-des-Vignes; les bataillons du Haut-Rhin, musique en tête comme à Fréville, le régiment des Deux-Sèvres, au chant de la *Marseillaise*, s'élancent sur les pas de leurs colonels (Dumas, Dollfus, du Haut-Rhin, Rougé, des Deux-Sèvres), et balayent les Prussiens devant eux. Le bataillon de Savoie (commandant Dubois), accueilli par une fusillade terrible sur la lisière des bois qui défendent le village au Sud, hésite et recule un moment; mais bientôt il est ramené au feu sous une grêle de balles, par le commandant de la brigade suivi de tout son état-major; les zouaves du colonel Vivenot débouchent sur la gauche; ils abordent l'ennemi avec leur élan d'autrefois, et sur toute la ligne le refoulent vers le village; les positions extérieures sont enlevées. Nos batteries prennent position à 400 mètres sur la hauteur à laquelle aboutit la route de Saint-Loup, et couvrent de leurs obus l'église et les grandes maisons qui l'entourent, mais sans pouvoir entamer leurs fortes murailles. Leurs projectiles, trop faibles, sont également impuissants contre les barricades qui ferment l'entrée de toutes les rues; devant ces barricades, devant les fossés qui les entourent, l'élan victorieux de nos troupes s'arrête brisé. Cependant chaque maison, chaque pan de mur, chaque arbre devient un point d'attaque derrière lequel se massent nos soldats, prêts à s'élancer par la première brèche que leur ouvrira l'artillerie. Un moment l'intrépide commandant de Verdière, chef d'état-major de la 2e division, croit une des rues abandonnées par l'ennemi. Faisant franchir par un bond énorme à son cheval des obstacles qui en ferment l'accès, il y pénètre et la parcourt dans presque toute sa longueur, sans essuyer un coup de feu. Revenant alors sur ses pas, il appelle à lui les soldats voisins: zouaves du 3e régiment, mobiles des Deux-Sèvres, de la Savoie et du Haut-Rhin, francs-tireurs de Keller, en forme une colonne d'assaut. Lui-même, suivi du colonel Rougé, du commandant Dubois, la guide à l'attaque. Soudain, à 20 mètres du fossé extérieur, une décharge meurtrière, véritable ouragan de plomb et de fer, part de ces maisons naguère silencieuses et en apparence abandonnées. Le commandant de Verdière s'échappe comme par miracle ; le colonel Rougé, le commandant Dubois, ont leurs chevaux tués, et se relèvent avec peine. Tous néanmoins restent prêts à recommencer leur héroïque tentative à ce poste périlleux, où ils reçoivent les félicitations du général en chef, accouru de sa personne pour seconder les efforts. Jusqu'au soir, la lutte se continue aussi ardente, aussi acharnée.

Les épisodes de cette sanglante affaire montrent quelles furent la persévérance, la bravoure de nos soldats et de nos officiers. Dans tous les corps, partout, ils se montrèrent dignes les uns des autres, et pourtant non seulement Beaune-la-Rolande ne fut pas occupé par nos troupes, mais encore, devant les renforts que l'ennemi reçut de Pithiviers, et qui à 4 heures faisaient leur apparition sur le champ de bataille, l'armée française recula jusqu'à Bellegarde et à Boiscommun. Or, une retraite jette toujours du trouble dans l'esprit des soldats, même les plus aguerris. Pour nos mobiles inexpérimentés, qui presque tous venaient de faire leurs premières armes, qui avaient eu ou qui croyaient avoir eu l'affaire décisive longtemps attendue, à en juger par leurs sanglants efforts et les 3,000 hommes mis hors de combat, ce fut plus que du trouble, ce fut le découragement qui, pour un moment du moins, s'empara de leur esprit sous l'impression de la retraite..
....
....

La 1re brigade de la 2e division, à laquelle nous avions

l'honneur d'appartenir, s'était, à 6 heures du soir, ralliée presque tout entière sur le terrain qu'avaient occupé pendant l'affaire les compagnies de réserve des Deux-Sèvres, à 200 mètres du village. Les hommes, épuisés par les fatigues de la journée, étendus sur le sol humide, laissaient passer au-dessus de leurs têtes ces obus égarés, ces décharges de mousqueterie de plus en plus rares qui survivent encore à une longue lutte et qui en marquent la fin. Abrités par un repli du terrain, ils attendaient, ignorant encore le résultat de la journée et, prêts à toute éventualité, les ordres qu'ils auraient à exécuter. La nuit était froide et sombre. Néanmoins les flammes de l'incendie du village et des fermes avoisinantes l'éclairaient par places de leurs lueurs décroissantes.

De distance en distance, sur les hauteurs voisines, des feux de signaux brillaient un moment comme des phares sur la mer, et s'effaçaient quand la signification en avait été comprise. A nos pieds, devant et autour de nous, passaient et repassaient, pareils à des feux follets, les fanaux des voitures d'ambulance, venant ramasser les blessés sur l'étroit espace du théâtre de l'action, là où elle avait été la plus meurtrière. Soudain, dans le silence de la nuit, s'élèvent du village des chants de triomphe, — ces chants sont ceux de *Vaterland*. Les ambulances se rapprochent : ce sont des ambulances prussiennes. Plus de doute, la victoire que nous espérions encore, appartient à l'ennemi. Dès lors, la situation de la brigade apparaît pleine de gravité, et d'une gravité que nos généraux ne peuvent ignorer. Pourtant nul ordre n'arrive pour nous fixer sur ce qu'on attend de nous. Faut-il rester sur le terrain conquis par tant d'efforts, en présence de l'armée ennemie dont nous avons compté les renforts, dont nous entendons les mouvements d'artillerie sur les routes sonores, et que nous aurons demain tout entière sur les bras? Faut-il l'abandonner sans ordre pour éviter une catastrophe qu'il est trop facile de prévoir? Trois heures se passent dans cette attente, dans cette cruelle anxiété. Les officiers envoyés à la découverte du 18e corps annoncent qu'il a évacué le terrain où vers 4 1/2 heures il a débouché à droite, à 300 mètres de la brigade, pour prendre part au combat. Tous affirment que partout ils n'ont rencontré que des ambulances et des patrouilles prussiennes. A 11 heures, l'ordre est donné par le commandant de la brigade de se mettre en marche dans le plus grand silence, et de regagner Saint-Loup-des-Vignes par la route qui relie ce village à Beaune-la-Rolande. La gravité de la situation est si bien comprise de tous, que les hommes, prévenus un à un pour ainsi dire par les officiers, se forment en rang et se mettent en marche sans que le moindre bruit éveille l'attention de l'ennemi. Partis quand déjà la brigade est engagée sur la route, les chevaux de l'état-major général et de son escorte révèlent seuls aux Allemands cette retraite qui leur arrache une proie assurée. Une décharge générale des grand'gardes et des avant-postes ennemis salue nos cavaliers au passage. Quelques minutes après, ils ont rejoint la brigade un moment retardée par le fossé dont nos pionniers coupent la route pour arrêter la marche de l'ennemi.

C'est là, dira-t-on, un incident commun à la guerre. Peut-être, et nous l'ignorons ; mais comme le premier renseignement qui nous fut donné en entrant à Saint-Loup fut que le grand quartier général du 20e corps était à Bellegarde, à 15 kilomètres, le quartier général de la division à Boiscommun, à 9 kilomètres, il devint évident pour tous que, sans la décision du commandant de la brigade, nous étions cernés par toute l'armée ennemie, et qu'en tout cas nous avions été abandonnés sans que nul se préoccupât de notre sort. Les réflexions que suggérait cet abandon sont faciles à deviner. Certes elles tendaient à affaiblir, sinon à détruire cette confiance des soldats dans leurs chefs, que rien ne peut faire renaître quand elle s'est évanouie, et qui est assurément la première comme la plus indispensable condition de succès.

Quelle que fût d'ailleurs l'influence regrettable de ces incidents, il en est d'autres qui vinrent la fortifier, et que nous ne pouvons passer sous silence. A 4 1/2 heures, le jour du combat de Beaune-la-Rolande, le 18e corps, vainqueur à Juranville, débouchait à notre droite, et aux cris mille fois répétés : « En avant ! en avant ! » prenait part à l'action principale. Malheureusement les feux de ses bataillons ne furent meurtriers que pour nos soldats groupés autour des maisons extérieures du village, et trois fois il avait fallu répéter la sonnerie : cessez le feu ! pour mettre fin à cette cruelle méprise. Enfin, le matin même du 28, le zouave Jacob fut surpris par le colonel Vivenot au moment où il revenait des avant-postes ennemis. Dans un interrogatoire sommaire, il fut constaté que depuis trois mois, chaque nuit, ce misérable allait rendre compte aux officiers prussiens qui éclairaient notre marche, de la situation exacte de nos troupes. A cette époque, la croyance à la trahison, la défiance qu'elle entretenait, n'étaient que trop justifiées par tant de projets avortés, par tant de résolutions tenues pour secrètes, et que déjouait la vigilance de l'ennemi. Ici d'ailleurs la trahison était manifeste. Cet espion, caché sous l'uniforme de nos zouaves, était-il le seul ? Que pouvions-nous encore contre la trahison de nos compagnons d'armes, contre l'insouciance, l'abandon de nos chefs ? Mourir ? Tous le voulaient la veille du combat de Beaune-la-Rolande, avec l'espérance de vaincre et de contribuer à la délivrance de la patrie; seuls, ceux qui ne voyaient que le devoir, le voulaient encore le lendemain, mais ils le voulaient sans illusion et sans espérance.

Extrait du volume publié par le général d'Aurelle de Paladines
sous le titre:

LA PREMIÈRE ARMÉE DE LA LOIRE

(Pages 239 à 249)

....

Ainsi tous les jours ces commandants de corps d'armée recevaient directement du délégué de la guerre leurs instructions, avec recommandation expresse, chaque fois, d'attendre de nouveaux ordres.

Une position semblable a-t-elle jamais été faite à des commandants de corps d'armée ?

Cette succession de mouvements tantôt en avant, tantôt en arrière, ces temps d'arrêt automatiques exécutés d'après des ordres expédiés chaque jour par le télégraphe, et donnés loin du théâtre des événements, est-ce là de la guerre savante comme on avait la prétention de le faire croire ? N'est-ce pas annihiler cette liberté d'action, cette initiative, ces inspirations que doit avoir, sur le champ de bataille, un commandant de corps d'armée ?

Il fallait certainement des généraux bien dociles, bien résignés, bien pénétrés de leurs devoirs, pour accepter des commandements dans de telles conditions: mais l'amour du pays donnait le courage de supporter les blessures de l'amour-propre ; on ne demandait qu'à verser son sang pour venger les humiliations de la France, et ce n'est pas celui qui toute sa vie a soutenu les principes de la hiérarchie militaire et de la subordination, qui pourrait blâmer les généraux d'avoir obéi aux ordres du ministre de la guerre.

Le 28 novembre, le 20e et le 18e corps, réunis sous le commandement de Crouzat, attaquent les positions occupées par les Prussiens.

Le 20ᵉ corps enlève Saint-Loup, Nancray et Batilly, mais il est arrêté devant Beaune-la-Rolande. Le 18ᵉ corps s'empare de Maizières et de Juranville, et ne peut arriver qu'à la nuit à Beaune-la-Rolande, pour soutenir le 20ᵉ corps.

Le général Crouzat est forcé de battre en retraite, et fait replier le 20ᵉ corps sur Boiscommun et le 18ᵉ sur Ladon. Les Prussiens qui étaient restés maîtres de Beaune-la-Rolande, l'évacuent pendant la nuit, mais ils y rentrent le matin, après notre mouvement de retraite.

Dans cette journée, les francs-tireurs de Cathelineau furent très utiles au 20ᵉ corps, en le couvrant du côté de Courcelles.

Le général d'Aurelle envoya le soir copie au ministre de la guerre, de la dépêche télégraphique qu'il venait de recevoir du général Crouzat :

« *Général d'Aurelle au ministre de la guerre.*

Saint-Jean-de-la-Ruelle, 28 novembre 1870,
11 heures 30 du soir.

« Je reçois une dépêche du général Crouzat, qui m'annonce qu'après avoir occupé les positions de Maizières, Juranville, Nancray, Saint-Michel, Batilly, et attaqué Beaune-la-Rolande, il a été obligé de se replier sur ses anciennes positions, par suite de l'arrivée d'une forte colonne ennemie, avec beaucoup d'artillerie, venant de Pithiviers. Il n'a pas été suivi. Je l'engage à conserver ses positions sans reprendre l'offensive. »

Le général en chef, le lendemain 29, à midi, envoya au général Crouzat une dépêche télégraphique ainsi conçue, et copie de cette dépêche au ministre de la guerre :

« *Général d'Aurelle à général Crouzat, à Bellegarde, et copie au ministre de la guerre à Tours.*

Saint-Jean-de-la-Ruelle, 29 novembre 1870,
midi et demi.

« Faites en sorte de vous maintenir dans les positions que vous occupez.

« Le 18ᵉ corps, que vous avez laissé à Juranville et à Maizières, n'est-il pas en danger, et ne convient-il pas de le rappeler à Ladon?

« Examinez et décidez. »

Le ministre ordonna que les 18ᵉ et 20ᵉ corps, qui avaient beaucoup souffert, ne reprendraient pas l'offensive, et d'ailleurs ils étaient dans l'impossibilité de le faire.

Les jeunes mobiles firent preuve d'un courage d'autant plus méritoire, qu'ils avaient à supporter de grandes souffrances produites par leur misère et leur dénûment.

Ils se battirent admirablement; leurs officiers, inexpérimentés, mais jeunes et vigoureux, leur donnèrent l'exemple du courage et du sacrifice. Un jeune sous-lieutenant des mobiles de la Haute-Loire, M. de La Tour-Maubourg, unique héritier d'un grand nom, fut blessé mortellement en combattant à la tête de sa compagnie. Il avait à peine 20 ans. Il excita l'admiration de tous par son courage, son sang-froid et sa résignation. Il écrivit quelques mots à sa mère pour lui faire ses derniers adieux, et mourut en héros et en chrétien.

Les généraux Crouzat et Billot déployèrent des qualités de commandement qui furent appréciées et leur méritèrent les éloges du gouvernement de la Défense nationale.

Le 18ᵉ corps d'armée, surtout, fut l'objet d'une faveur particulière, et le décret suivant fut rendu :

« Les membres du gouvernement de la Défense nationale, considérant que le 18ᵉ corps d'armée, à peine formé, composé en grande partie de soldats qui voyaient le feu pour la première fois, et privé de son commandant en chef, a cependant, par la fermeté de son attitude, remporté des avantages signalés sur l'ennemi, à Ladon, Maizières, Beaune-la-Rolande, décrètent :

« Art. 1ᵉʳ. Le 18ᵉ corps d'armée de la Loire a bien mérité de la patrie.

« Art. 2. M. le chef d'état-major Billot, général de brigade à titre provisoire, est nommé général de brigade à titre définitif.

« M. Feillet-Pilatric, général de division à titre provisoire, est nommé général de division à titre définitif. »

Nous devons faire une remarque sur l'article 2 de ce décret :

M. le général Billot n'y a d'autre qualification que celle de chef d'état-major. Il n'était donc pas considéré comme chef du corps d'armée. Qui donc le commandait? La réponse est facile. M. de Freycinet, sans courir aucun danger, s'arrogeait les honneurs de ce commandement, exercé en réalité par le général Billot, qui en avait, lui, les périls et la responsabilité.

Le projet de s'emparer de Pithiviers avait échoué. Pour expliquer les motifs de cette entreprise, M. de Freycinet avait prétexté la nécessité de faire une diversion, afin d'attirer vers l'Est l'armée du duc de Mecklembourg, qui menaçait Châteaudun, Nogent, Blois et Tours.

Cette prétendue diversion ne produisit aucun effet. Le duc de Mecklembourg n'en continua pas moins à dévaster les lieux où il se trouvait alors, sans paraître s'inquiéter beaucoup de ce qui se passait auprès de Montargis et de Beaune-la-Rolande.

Après les fatigues éprouvées dans les rudes journées du 27 et du 28, le 20ᵉ corps se trouvait dans une situation déplorable, digne de fixer l'attention du général en chef et du ministre. Quand le mouvement sur Pithiviers avait été résolu, le général des Paillères devait, comme le plus ancien général de division, en prendre la direction ; il avait reçu des ordres en conséquence. Le 29 novembre, il alla visiter le 20ᵉ corps à Bellegarde, et fut vivement impressionné par son dénûment. En rentrant à Chilleurs, il crut devoir en informer le général en chef par la dépêche télégraphique suivante :

« Général commandant le 15ᵉ corps à général en chef, à Saint-Jean-de-la-Ruelle.

De Chilleurs à Saint-Jean-de-la-Ruelle.

« Je viens de rendre visite au 20ᵉ corps : il est dans l'état le plus misérable. Il lui manque 10,000 paires de souliers, du campement complet pour 10,000 hommes, tentes, couvertures, marmites, etc., 20,000 havre-sacs. Veuillez le recommander à la sollicitude immédiate de l'intendant en chef. Le moral du corps peut se ressentir de ces privations. Vous écrirai à ce sujet. »

(Signé) Général DES PAILLÈRES.

Le général d'Aurelle s'empressa d'écrire à l'intendant en chef pour faire cesser sans retard un tel état de choses, et il en rendit compte au ministre, lui demandant d'urgence les moyens de remédier à une pareille misère.

Le général Crouzat, de son côté, fit connaître au ministre et au général en chef le dénûment de ses troupes, par la dépêche télégraphique suivante :

« *Général Crouzat à guerre, Tours ; à général d'Aurelle, à Saint-Jean-de-la-Ruelle.*

Bellegarde, 1er décembre 1870.

« Ainsi que je vous l'ai télégraphié hier soir, ma 1re division occupe Chambon et la route qui mène de Nancray à Nibelle.

« Ma 3e division est campée en avant de Nibelle, se relie à gauche avec la 1re division, et a un bataillon à Chénault.

« Ma 2e division, se reliant à gauche avec la 3e, occupe les routes qui mènent de Boiscommun à Nesploy et à Nibelle.

« Le 18e corps n'occupe pas encore Nesploy, ce qui me serait d'un grand secours.

« A la suite des combats de ces six derniers jours, mes divisions sont très affaiblies en hommes, et surtout en officiers.

« Le 3e régiment de zouaves de marche a eu à lui seul, à Beaune-la-Rolande, 17 officiers tués ou blessés. Je vous prie de me renforcer mes divisions. J'ai un besoin absolu de 20,000 havre-sacs, 10,000 paires de souliers, 10,000 paires de guêtres, et du campement pour 10,000 hommes.

« Laissez-moi quelques jours de repos pour me refaire. Le moral de mes hommes est bon, mais ils manquent de trop de choses par le temps froid et pluvieux qu'il fait. Les trois bataillons de la Haute-Loire, 67e mobile de marche, n'ont pour tout vêtement que des pantalons et des blouses de toile complètement hors de service ; comment pourraient-ils, dans ces conditions, résister au bivouac au mois de décembre ? »

(Signé) CROUZAT.

Cette dépêche irrita vivement M. de Freycinet. Il avait précipité le général Crouzat dans une entreprise aventureuse qui devait fatalement échouer. Le 20e corps n'était ni constitué ni organisé ; il manquait des effets indispensables pour la saison d'hiver.

Le délégué de la guerre n'aurait dû s'en prendre qu'à lui-même de l'insuccès de l'opération sur Pithiviers, car il s'était obstiné à vouloir s'emparer de cette ville, malgré les observations et les avertissements du général en chef.

Au lieu d'accueillir avec bienveillance les demandes du général Crouzat, M. de Freycinet fut dur, brutal, injuste.

Voici sa dépêche :

A communiquer au général d'Aurelle. Guerre à général Crouzat, Bellegarde (Loiret).

De Tours pour Bellegarde, 1er décembre 1870.
12 heures 10 minutes.

« Je reçois votre dépêche de ce soir, 8 heures. Je ne vous cacherai point que, faisant suite à celles que vous m'avez déjà adressées ces derniers jours, elle ne me produit pas une bonne impression.

« Vous me paraissez bien prompt à vous décourager, et vous n'opposez pas à l'ennemi cette solidité sans laquelle le succès est impossible. Vous me parlez aujourd'hui de quelques jours de repos, alors que le général Ducrot, moins prompt que vous à s'inquiéter, n'hésite pas à nous rejoindre à travers un océan d'ennemis. Il faut marcher, et marcher vite. Donc, à partir de ce moment, et en vue de mettre nos opérations militaires à l'abri des hésitations possibles du 20e corps, je vous place, vous et votre corps, sous la direction stratégique du commandant en chef du 18e corps. Dispensé désormais du soin de former des combinaisons, j'attends de vous que vous emploierez toute votre activité et votre énergie à relever le moral de vos troupes. Si l'attitude de ce corps continuait à paraître aussi incertaine, je vous en considérerais comme personnellement responsable, et vous auriez à rendre compte au Gouvernement des conséquences que cette situation pourrait avoir. Je m'occupe d'ailleurs des fournitures que vous me demandez si tardivement. »

Pour le ministre :

(Signé) DE FREYCINET.

A la réception de cette dépêche, adressée à un brave et loyal soldat, le général en chef éprouva une profonde indignation qu'il ne put maîtriser. Il alla trouva le général Borel, lui présenta cette dépêche, en disant :

« Voilà de quelle manière M. de Freycinet écrit à un général. Je ne transmettrai pas cette dépêche à Crouzat : c'est un assassinat moral ! »

Le général Borel, après l'avoir lue, répondit :

« Vous ne faites pas attention qu'elle lui est adressée directement, et qu'elle n'est pour vous qu'une communication ; il doit l'avoir reçue maintenant. »

Le général d'Aurelle a vu le général Crouzat longtemps après, et l'impression produite par cette injure imméritée n'était pas encore effacée.

Cette dépêche était d'autant plus inexplicable, que le général Crouzat ne faisait que remplir un devoir en éclairant le ministre sur les besoins de son corps d'armée.

Jusque-là le Gouvernement de Tours n'avait cessé de lui prodiguer des éloges, ainsi qu'on peut s'en convaincre par une dépêche qui contenait les dernières instructions pour assigner des positions au 18e et au 20e corps d'armée, après le combat de Beaune-la-Rolande.

Le général d'Aurelle la place sous les yeux du lecteur; elle forme un contraste frappant avec la dépêche qui lui a été adressée ci-dessus ; elles furent expédiées à vingt-quatre heures d'intervalle.

Guerre à général Crouzat, commandant le 20ᵉ corps, et à général Billot, commandant le 18ᵉ corps, à Bellegarde. Copie pour général d'Aurelle.

Tours, 29 novembre 1870,
11 heures 45 soir.

« Nous sommes très satisfaits de votre vigoureuse pointe sur Maizières, Juranville, Beaune-la-Rolande, qui a pleinement atteint notre but, en arrêtant les mouvements tournants de l'ennemi sur le Mans et Vendôme, en rappelant ses forces sur son centre. Il importe par suite que vous vous concentriez de votre côté, et que vous établissiez une relation plus étroite avec des Paillères. Vous prendrez en conséquence les positions suivantes :

« Crouzat s'établira entre Chambon, Moulin-de-Bezault, Boiscommun, Nibelle, s'appuyant ainsi sur les magnifiques positions de la lisière de la forêt. Billot s'établira vers Bellegarde et Ladon, donnant la main à Crouzat. Le poste de Montargis conserverait sa position, et en cas de menace sérieuse, rejoindrait le 18ᵉ corps. Vous avez par-dessus tout, et comme premier soin, à vous retrancher dans vos positions. Requérez hommes et choses pour les travaux. Nous attendons les rapports sur la journée d'hier, pour donner les récompenses. »

(Signé) DE FREYCINET.

Là s'arrêtent les réflexions que le général en chef de l'armée de la Loire avait à faire sur les événements qui viennent d'être exposés. Il laisse au lecteur le soin d'en tirer les conclusions que lui suggérera son impartialité.

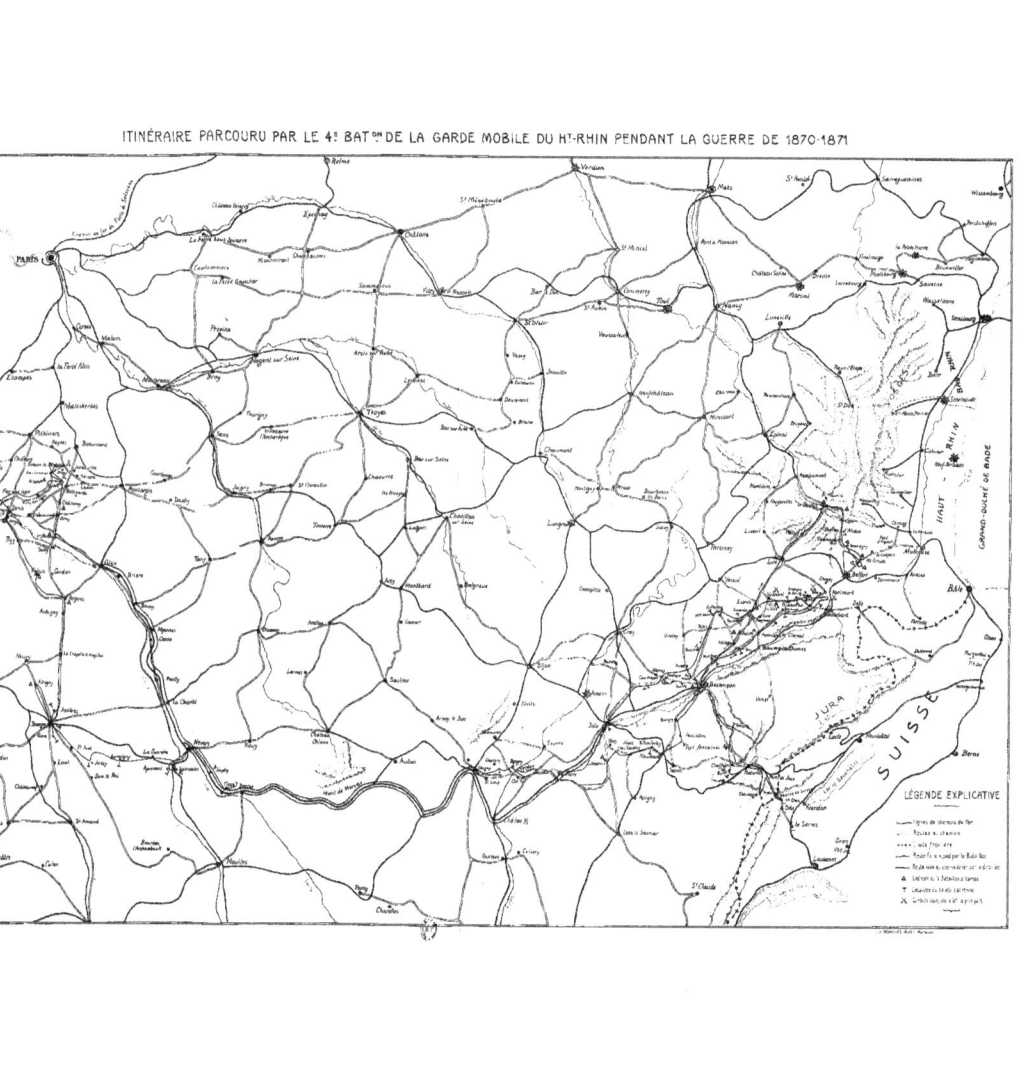

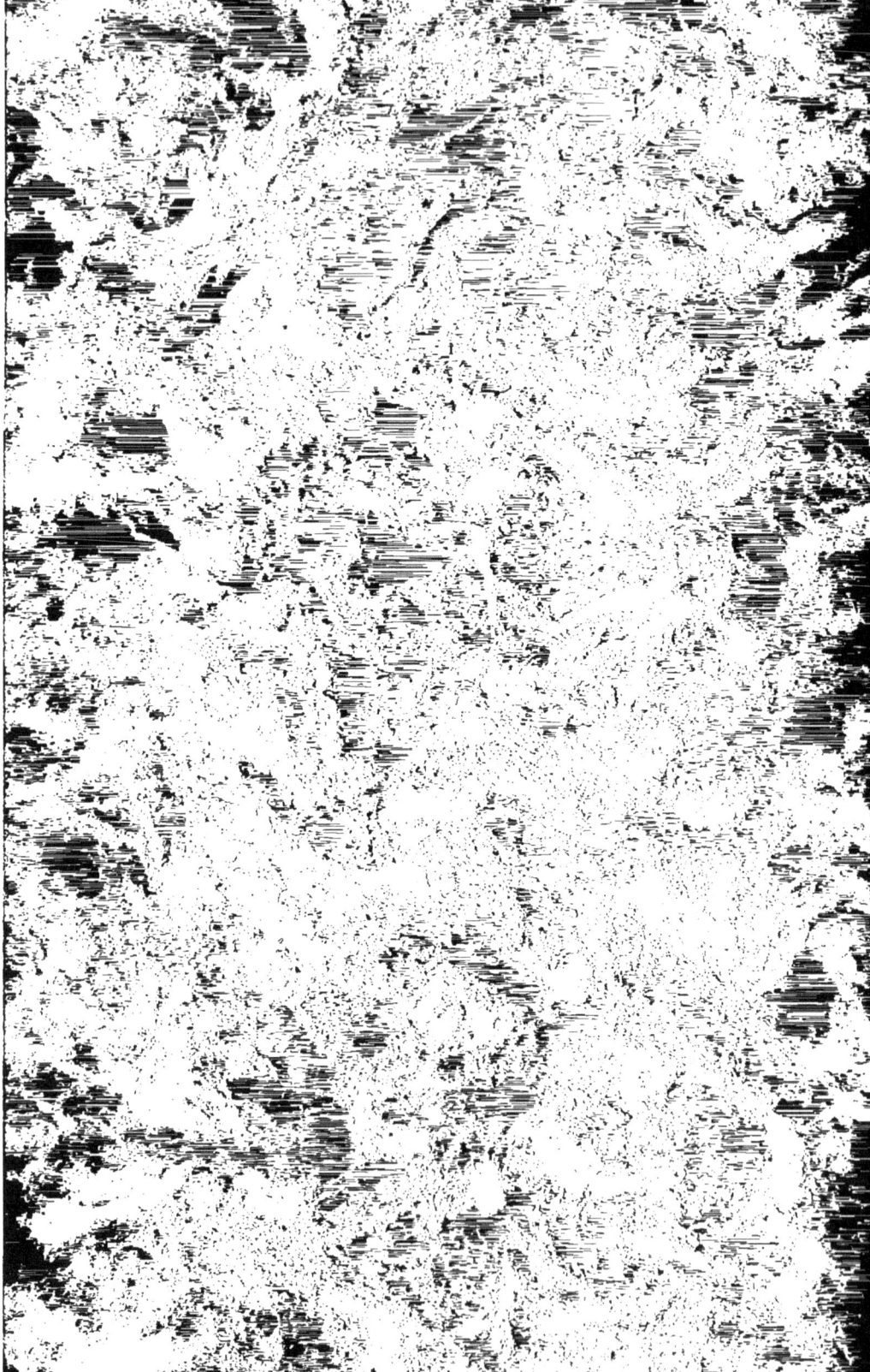

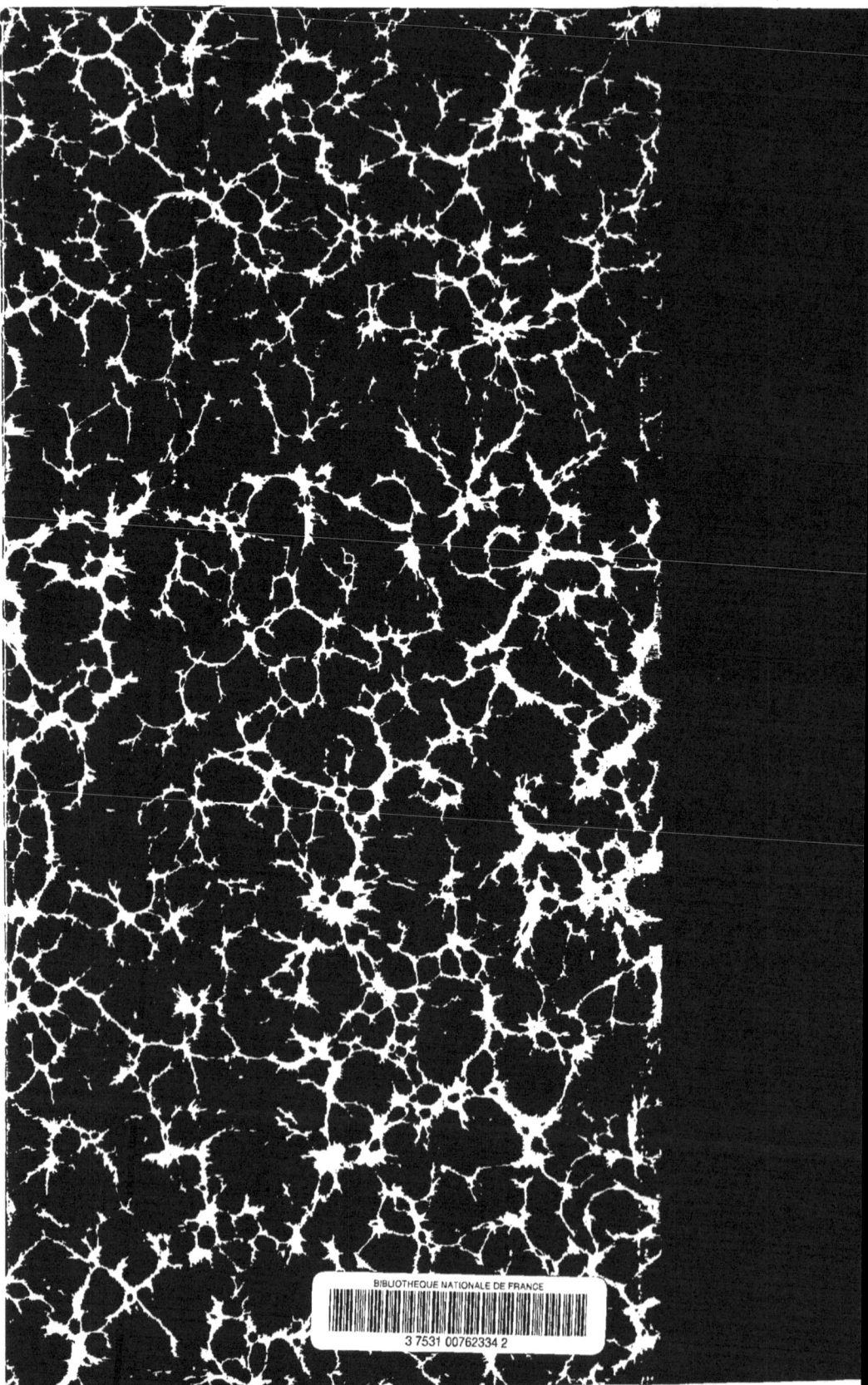

www.ingramcontent.com/pod-product-compliance
Lightning Source LLC
Chambersburg PA
CBHW050348170426
43200CB00009BA/1775